CRYPTO-ACTIFS

UNE MENACE POUR L'ORDRE MONÉTAIRE ET FINANCIER

CÉLINE ANTONIN NADIA ANTONIN

CRYPTO-ACTIFS

UNE MENACE POUR L'ORDRE MONÉTAIRE ET FINANCIER

Préface de **Philippe AGHION**

ECONOMICA
49 rue Héricart, 75015 Paris

Remerciements

Nous témoignons tout d'abord notre immense gratitude à Philippe Aghion, Professeur au Collège de France, à la London School of Economics et à l'INSEAD, qui nous a encouragées à écrire ce livre et nous a fait l'honneur de rédiger la préface. Par ailleurs, nous remercions chaleureusement le Professeur Jean Pavlevski, directeur des Éditions Economica, pour l'enthousiasme et la confiance qu'il a manifestés lorsque nous lui avons présenté notre projet ainsi que pour son soutien sans faille tout au long de la rédaction de l'ouvrage. Un grand merci également à ses collaborateurs.

Préface

Ce livre est né du dialogue entre deux économistes : Nadia Antonin, qui a mis à profit son expertise acquise tout au long de sa carrière à la Banque de France pour réfléchir à l'avenir des nouveaux actifs numériques, et Céline Antonin, chercheuse en économie, qui a une approche plus théorique des questions monétaires et financières. La complémentarité de leurs profils garantit à la fois une approche concrète et pragmatique, tout en offrant une réflexion profonde, étayée par les travaux de recherche les plus récents.

C'est un travail d'autant plus remarquable que le sujet des crypto-actifs est un sujet technique. Comprendre le fonctionnement du bitcoin ou de la chaîne de blocs nécessite de s'aventurer dans l'informatique, afin de comprendre les mécanismes en jeu. Il faut trouver le bon équilibre entre d'un côté l'explication « technique » du fonctionnement des crypto-actifs, de la chaîne de blocs ou de la finance décentralisée, et de l'autre la nécessité de ne pas noyer le lecteur et de ne fournir que les éléments indispensables à l'analyse économique. Un pari d'équilibriste que les auteures ont pleinement réussi à mon sens.

Ce livre est très bien écrit, et il ne tombe pas dans le piège du jargon de la finance. Il présente de façon claire et précise des concepts et des mécanismes de plus en plus techniques, qui sont souvent non maîtrisés et utilisés de manière vague et confuse. Par la rigueur et la complétude de ses analyses, il constitue un livre de référence pour comprendre les enjeux et les menaces liés aux crypto-actifs. Il répond à nombre de questions que le lecteur pourrait se poser.

Par ailleurs, cet ouvrage est novateur et engagé. Beaucoup de livres ont été écrits sur les crypto-actifs – notamment le bitcoin –, essentiellement avec le prisme récurrent : « faut-il investir dans les crypto-actifs ? ». En revanche, peu d'ouvrages analysent le risque pour le système monétaire et financier. En soulignant les dangers liés aux crypto-actifs, les auteures adoptent une position claire et tranchée : selon elles, ces actifs n'ont pas vocation à devenir une monnaie, et doivent rester cantonnés à leur rôle de produits financiers spéculatifs. En revanche, ils présentent le mérite d'inciter les banques centrales à innover, et les monnaies numériques de banque centrale sont une initiative intéressante en ce sens.

A la lecture de cet ouvrage, je suis encore plus convaincu que les crypto-actifs ne sont pas l'avenir de la monnaie. Il y a deux points sur lesquels je souhaite revenir plus particulièrement.

Le premier concerne la concurrence entre monnaie publique et monnaie privée. Dans son ouvrage de 1976, *« Denationalisation of Money »*, Hayek développe l'idée que la monnaie ne devrait pas être un monopole d'État, mais devrait être émise par des entreprises privées, seul moyen selon lui de promouvoir la stabilité monétaire. Il considère que le gouvernement a en effet intérêt à créer de l'inflation pour financer ses déficits, ce qui nuit à la valeur de la monnaie. Au contraire, en mettant en concurrence les émetteurs privés, ces derniers seraient incités à maintenir la stabilité de leur monnaie pour attirer les utilisateurs, lesquels choisiraient ainsi librement la monnaie qu'ils préfèrent utiliser. N'en déplaise à Friedrich von Hayek, la monnaie n'est pas un bien comme un autre. Elle nécessite la confiance, elle s'appuie sur un contrat social. Autant je crois fermement aux vertus de la concurrence dans le domaine des biens et services, autant je considère que la monnaie échappe à cette logique, en ce qu'elle est un instrument du contrat social. Elle nécessite une confiance, que seule une autorité légitime est susceptible d'incarner.

Le second point concerne l'idée défendue par les partisans d'un système monétaire anonyme et décentralisé selon laquelle la politique monétaire serait impuissante. L'histoire récente ne semble pas leur donner raison. Souvenons-nous de la crise des dettes souveraines en zone euro, dans le sillage de la crise de 2008. Alors que la crise de la dette grecque battait son plein, les investisseurs ont craint qu'un ou plusieurs pays ne quittent la zone euro, ce qui aurait pu entraîner une série de défauts de paiement, un effondrement des systèmes bancaires nationaux, voire la fin de la monnaie unique. En juillet 2012, Mario Draghi, alors Président de la BCE, prononce son fameux discours du « *whatever it takes* » ; la BCE promet de racheter de manière illimitée des obligations d'État sur le marché secondaire. Cela a envoyé un message fort selon lequel la BCE utiliserait tous ses instruments pour empêcher l'effondrement de la monnaie unique. Le discours a brisé la dynamique auto-réalisatrice de la crise. Par son activisme monétaire, Mario Draghi a calmé les spéculations contre les obligations souveraines des pays en difficulté. Cela prouve deux choses : d'une part, l'importance d'une autorité monétaire crédible, identifiable, capable de rassurer les investisseurs. Chose impossible pour un système monétaire anonyme et désincarné. Par ailleurs, cela montre le rôle de la politique monétaire comme outil de stabilisation conjoncturelle. Affaiblir cet outil, c'est d'une certaine façon nier ce qu'un siècle de recherche économique a apporté en matière de gestion des crises.

Les crypto-actifs représentent une innovation dans le domaine monétaire et financier. Mais est-elle désirable ? J'ai consacré une grande partie de ma vie de chercheur à essayer de théoriser l'innovation et la destruction créatrice. Les crypto-actifs représentent une volonté de remplacer les banques centrales et le système bancaire par des programmes informatiques sans aucune autorité centrale. Pour les raisons que j'ai évoquées, et comme le démontre très bien ce livre, quoique les crypto-actifs soient une innovation dans le domaine monétaire, leur développement n'est pas souhaitable. Leur nature non régulée, leur volatilité en font des instruments dangereux pour l'économie globale. L'innovation ne doit pas être un but en soi : elle doit être jugée sur ses effets concrets et son apport à la stabilité économique et sociale.

Philippe Aghion

Professeur au Collège de France, à la London School of Economics et à l'INSEAD

Introduction

Inventé en 2009 par le mystérieux Satoshi Nakamoto dans le sillage de la crise financière mondiale, le bitcoin a connu un certain engouement et fait des adeptes. Ces adeptes, notamment les jeunes, voient dans les crypto-actifs un placement attrayant. Ils pensent qu'ils vont réaliser des gains importants très rapidement et sont convaincus de la pertinence de cet investissement. Jusque-là, l'histoire est plutôt « classique » ; le bitcoin serait un actif spéculatif de plus, comme l'ont été au XVIIe siècle les bulbes de tulipe, au XVIIIe siècle les actions de la compagnie du Mississippi, ou plus récemment les crédits *subprime*. À chaque fois, le même scénario s'est répété : les actifs spéculatifs ont donné lieu à des bulles, dont l'éclatement a engendré une crise financière, d'ampleur variable, qui s'est bien souvent répercutée sur l'économie réelle. Il ne faut pas sous-estimer l'impact économique et social de ces crises ; la récente crise des crédits *subprime* a engendré une vague de faillites bancaires, de pertes pour les épargnants et de crises budgétaires nationales qui ont conduit la zone euro au bord de l'implosion. Ainsi, la vigilance des autorités de régulation est cruciale pour prévenir le développement de ces bulles.

Mais l'histoire du bitcoin et des crypto-actifs n'est pas uniquement celle, traditionnelle, d'un actif susceptible d'engendrer une bulle financière. C'est d'un changement de paradigme monétaire et financier dont il est question, et c'est précisément cette révolution potentielle qui a motivé la rédaction de ce livre. Le nouveau paysage monétaire et financier qui se dessine est un monde où la monnaie publique aurait disparu au profit d'actifs numériques, où elle ne serait plus attachée à aucun territoire ou État, et où les banques auraient été remplacées par un vaste réseau d'ordinateurs. Les partisans de ce système y voient la promesse d'un espace de liberté et de transparence, favorisant l'inclusion financière et l'affranchissement de l'individu « souverain » de la tutelle de l'État. Une forme d'anarchisme en somme… Car la monnaie n'a pas qu'un rôle d'échange : elle participe au contrat social en consolidant le rapport de confiance entre les citoyens et les autorités souveraines. C'est ce rôle politique et civique de la monnaie qui est critiqué par ceux qui prônent un système décentralisé, fondé sur les crypto-actifs. Pourtant, leur utopie porte en germe nombre de risques, voire de dangers. En l'absence de régulation et de protection adéquates fournies par l'État, la liberté monétaire qu'ils prônent pourrait rapidement ressembler à un état de méfiance généralisée, sans régulation ni contrôle, une sorte d'«état de nature» monétaire et financier au sens de Hobbes. L'émancipation souhaitée pourrait se transformer en nouvelle servitude à l'égard de nouveaux acteurs, car les crypto-actifs ne sont pas une initiative désintéressée…

En rédigeant cet ouvrage, nous avons eu pour objectif de démystifier l'univers des crypto-actifs et de répondre à quatre types de questionnements. Tout d'abord, nous avons souhaité répondre aux interrogations concernant la nature et la valeur intrinsèque des crypto-actifs : sur quoi reposent-ils ? Faut-il investir dans ces actifs ? L'argent investi est-il autant en sécurité que dans une banque ? Les crypto-actifs sont-ils surveillés et régulés ? Sont-ils une véritable menace pour la stabilité financière ? Ces questions nécessitent d'expliquer précisément le fonctionnement des crypto-actifs, et de comprendre la technologie sous-jacente de la chaîne de blocs. Ensuite, nous nous sommes attachées à décrire ce à quoi ressemblerait un univers financier fondé sur les crypto-actifs, en détaillant le fonctionnement de la finance décentralisée. Puis, nous avons évoqué une nouvelle guerre des monnaies qui se profile entre monnaies publiques et monnaies privées. Enfin, nous avons analysé les risques qu'un système basé sur les crypto-actifs et la finance décentralisée ferait courir au système monétaire et financier. Les préoccupations sont ici d'ordre monétaire, économique, éthique : est-il possible de bâtir la confiance dans la monnaie sans une incarnation de l'autorité souveraine légitime ? Jusqu'à quel point le développement des crypto-actifs est-il souhaitable sans risquer de fragiliser le pacte social ? La coexistence entre monnaies privées et monnaies publiques est-elle possible ? Autant de questions que nous abordons dans cet ouvrage.

*

* *

1. La genèse des crypto-actifs et de la chaîne de blocs (*blockchain*)

Le concept de crypto-actif a été introduit par l'ingénieur informatique Wei Dai. Dans un article publié en 1998, ce dernier évoquait l'idée d'une monnaie numérique, la «*B-Money*». Il la décrivait comme «*un stratagème permettant à un groupe de pseudonymes numériques introuvables de se payer avec de l'argent et de faire respecter des contrats entre eux sans aide extérieure*». Bien qu'elle n'ait jamais été officiellement lancée, la «*B-Money*» comprenait plusieurs caractéristiques similaires aux crypto-actifs d'aujourd'hui, telles que l'exigence d'un travail informatique pour faciliter la monnaie numérique, la clause que ce travail devait être vérifié par la communauté dans un registre, et la récompense des travailleurs. Par ailleurs, Wei Dai proposait d'utiliser des signatures numériques et des clés publiques pour authentifier les transactions et faire respecter les contrats. En résumé, bien que « *B-Money* » n'ait jamais vu le jour, le travail de cet ingénieur n'est pas passé inaperçu. Ainsi, la plus petite unité d'ether, qui est la monnaie numérique du réseau Ethereum, est appelé un « wei » en l'honneur des travaux de Wei Dai.

Entre 1998 et 2005, un autre pionnier de la chaîne de blocs, Nick Szabo, a créé sa propre version appelée « *Bit Gold* » comme réponse aux dysfonctionnements du système financier traditionnel. Le nom « *Bit Gold* » n'est pas anodin ; il renvoie d'abord au fait qu'il s'agit d'une monnaie numérique, reposant sur des signaux transmis entre ordinateurs sous forme de « bits ». Par ailleurs, le « *Bit Gold* » possède des attributs similaires à l'or en termes de rareté et de l'absence de tiers de confiance. Szabo se montre en effet très critique de l'existence de ces intermédiaires : selon lui, ils engendrent des coûts importants, qui se répercutent sur les utilisateurs finaux, et il est crucial de minimiser leur intervention. Bien que le projet « *Bit Gold* » n'ait jamais été mis en œuvre, il est considéré comme le précurseur du protocole Bitcoin en raison des nombreuses similarités de fonctionnement : la création de la chaîne de blocs, la chronologie des blocs, la transparence du registre des données, la signature numérique... Les similitudes sont à ce point troublantes que Nick Szabo est souvent soupçonné d'être le mystérieux Nakamoto, créateur du Bitcoin... même s'il l'a toujours réfuté.

Citons enfin le rôle d'Adam Back, un cryptographe britannique, que l'on peut considérer comme le précurseur de la « preuve de travail », autrement dit du procédé cryptographique permettant de valider des transactions et de les ajouter à la chaîne de blocs. En 1997, Adam Back a inventé le procédé « *Hashcash* », conçu pour limiter les spams. Grâce à ce procédé, l'émetteur du courriel doit résoudre un problème de calcul d'un certain niveau de difficulté avant d'être autorisé à effectuer une action (en l'occurrence, pouvoir envoyer son courriel). Cela permet aux autres ordinateurs du réseau de vérifier la preuve de travail fournie par l'émetteur. Ce système permet de se prémunir contre l'envoi massif de spams.

Quoi qu'il en soit, « *B-Money* », « *Bit Gold* » ou encore « *Hashcash* » ont donné au bitcoin les moyens d'exister. Formellement, le bitcoin, premier crypto-actif, est né dans un livre blanc publié par Satochi Nakamoto et intitulé *Bitcoin : A Peer-to-Peer Electronic Cash System*, rendu public le

31 octobre 2008. Deux mois plus tard, le 3 janvier 2009, Nakamoto lançait le *Genesis Block*, première pierre du réseau Bitcoin basé sur la technologie de la chaîne de blocs. Depuis, un grand nombre d'actifs ont vu le jour : en 2024, il existait près de 10 000 crypto-actifs en circulation[1].

2. La finance décentralisée, un nouvel univers financier basé sur les crypto-actifs

Les crypto-actifs ne bouleversent pas seulement l'univers de la monnaie; ils constituent également l'épine dorsale de la finance décentralisée. Également désignée par les vocables de « finance désintermédiée », « finance ouverte » ou « DeFi » (de l'anglais « *decentralised finance* »), la finance décentralisée s'est développée à partir de 2017 avec l'essor des plateformes basées sur la chaîne de blocs, notamment Ethereum. Elle s'appuie sur des protocoles automatisés pour fournir des services financiers comme le prêt, l'échange et l'épargne de pair à pair, autrement dit sans l'intervention d'institutions traditionnelles. Ainsi, il s'agit d'un écosystème qui ne repose pas sur une banque centrale ou sur des agences gouvernementales pour fonctionner. Les transactions ne nécessitent pas d'être validées par des intermédiaires puisqu'elles reposent sur la technologie de la chaîne de blocs ainsi que sur le principe du contrat intelligent[2].

Jean-Guillaume Dumas et ses coauteurs (2022) résument les trois principales caractéristiques du système de finance décentralisée. D'abord, celui-ci est « *nativement numérique* ». Par ailleurs, sa gestion repose sur des infrastructures distribuées[3], elle est à la fois « *décentralisée et répliquée* » : elle fonctionne sans organe de contrôle ni stockage centralisé. Enfin, ce système financier est public et « *ouvert à tous* ».

Comment la finance décentralisée se positionne-t-elle par rapport aux modèles existants ? Elle s'inscrit en opposition à la finance traditionnelle (TradFi) et à la finance centralisée (*centralised finance* ou CeFi). Rappelons que la finance traditionnelle se réfère aux systèmes et institutions qui, depuis des siècles, sont utilisés pour gérer les transactions financières. Elle possède plusieurs caractéristiques : elle est fortement réglementée, ce qui qui garantit la responsabilité et la transparence ; elle s'appuie sur différents intermédiaires comme les banques commerciales, les banques d'investissement, les marchés boursiers, les compagnies d'assurance et autres

1. Selon CoinMarketCap.
2. « Protocole informatique qui exécute des clauses préalablement définies, dont certaines peuvent être conditionnées par des évènements susceptibles de se produire » (Source : FranceTerme).
3. Une infrastructure distribuée est un ensemble de programmes informatiques qui utilisent des ressources informatiques sur plusieurs nœuds de calcul distincts pour atteindre un objectif commun et partagé.

institutions financières ; enfin, elle fonctionne au sein de systèmes et d'institutions centralisés.

Comme la finance traditionnelle, la finance centralisée fonctionne sous la gouvernance d'autorités centrales, et n'est pas régulée par le simple jeu des forces du marché. L'expression de « finance centralisée », surtout utilisée dans le contexte des crypto-actifs, désigne un écosystème qui peut offrir des services bancaires et financiers traditionnels tels que le traitement des paiements, les prêts, la gestion d'actifs mais également des produits et services liés aux crypto-actifs réalisés *via* des systèmes hors blockchain (*off-chain*).

3. Une guerre des monnaies à l'ère du numérique

C'est après la crise de 2008 que les crypto-actifs ont vu le jour. L'image des banques était alors fortement écornée ; accusées d'avoir provoqué la crise financière, elles ont été rendues responsables de tous les déboires qui s'en sont suivis : récession, augmentation du chômage, dégradation des finances publiques. Le recul de la confiance à l'égard du système bancaire a favorisé l'émergence de monnaies complémentaires relevant de l'initiative privée : les crypto-actifs. Ces derniers sont venus concurrencer les monnaies étatiques, officielles, à « cours forcé » et au « pouvoir libératoire illimité » comme l'euro, le dollar, le yen… Pour leurs détracteurs, il s'agit d'une alternative aux systèmes monétaires en place.

Cette alternative n'est pas dénuée de fondement théorique : dans *The Denationalization of Money* (1976), Friedrich Hayek prônait l'émission de monnaies privées concurrentes comme étant « *le futur de la civilisation* », l'avenir de la société libre. La mise en concurrence des monnaies produirait ainsi un écrémage, et seules celles qui répondent le mieux aux attentes et aux besoins des utilisateurs survivraient.

Pour qualifier cette situation, Christian de Boissieu évoque une « guerre des monnaies » qui oppose les monnaies officielles aux monnaies privées, et qui devrait s'intensifier[4]. L'expression de guerre des monnaies n'est pas nouvelle. Elle fut popularisée en 2010 par le ministre des Finances du Brésil, Guido Montega, qui dénonçait alors la hausse trop importante du real et le fait que son pays se trouvait au milieu d'une guerre des monnaies. Mais jusqu'à présent, la guerre des monnaies (ou guerre des changes) évoquait une situation dans laquelle les pays visent à affaiblir volontairement la valeur de leur monnaie nationale par rapport à d'autres devises, afin de doper sa compétitivité et ses exportations.

4. Le Figaro, « Bitcoin : la guerre des monnaies aura bien lieu », Entretien avec Christian de Boissieu, 10/09/2021.

Aujourd'hui, l'enjeu principal n'est pas tant la guerre des monnaies livrée entre États que la guerre décrite par Christian de Boissieu qui oppose monnaies publiques et monnaies privées, dont les enjeux touchent au pouvoir et à la souveraineté. Là encore, la coexistence n'est pas une nouveauté ; d'après Tobias Adrian et Tommaso Mancini-Griffoli, économistes au FMI, les monnaies privées et publiques ont coexisté tout au long de l'histoire[5]. Le système monétaire contemporain est d'ailleurs bâti sur ce diptyque : il peut être vu comme une architecture à deux niveaux, dans lequel la monnaie privée – émise par des banques, des opérateurs télécoms ou des fournisseurs de services de paiements – repose sur une base de monnaie publique de banque centrale. Selon eux, si les monnaies publiques n'ont pas été supplantées par les monnaies privées, pourtant plus novatrices, c'est parce que ces deux types de monnaie sont parfaitement complémentaires. Autrement dit, que « *la monnaie privée peut être échangée contre de la monnaie publique parfaitement liquide et sans risque* ».

Cependant, peut-on réellement comparer les crypto-actifs à une monnaie privée classique ? En effet, la philosophie qui sous-tend les crypto-actifs n'est pas celle d'une coexistence, mais plutôt d'un changement de paradigme, le remplacement d'un système centralisé par un système décentralisé, basé sur les échanges de pair à pair. L'accélération des transformations profondes liées à une importante dématérialisation, à l'arrivée de plateformes numériques et plus récemment le développement des crypto-actifs, pourrait bouleverser l'architecture des systèmes de paiement, qui s'appuie depuis longtemps sur la complémentarité entre secteur public et secteur privé. Un recours accru aux crypto-actifs pour des opérations effectuées dans l'univers de la finance décentralisée pourrait fragiliser le système monétaire, en réduisant, voire en faisant disparaître, le rôle d'ancrage de la monnaie centrale. Ainsi, les crypto-actifs signent-ils la disparition programmée de la monnaie publique ? Ou du moins sa marginalisation progressive ? Les banques centrales vont-elles devoir se réinventer pour survivre ? Ce qui est certain, c'est que les crypto-actifs sont susceptibles de bouleverser l'ordre monétaire et financier actuel. Comme l'écrivent Michel Aglietta et Natacha Valla dans *Le futur de la monnaie* (2021) : « *Subrepticement, ils [les crypto-actifs] promettent de se substituer aux banques commerciales et de capter la confiance dont les banques centrales bénéficient. La blockchain et la technologie de grand livre distribué (DLT) deviendraient l'alpha et l'oméga de la monnaie de demain* ».

5. Tobias Adrian et Tommaso Mancini-Griffoli (2021), Les monnaies publiques et privées peuvent coexister à l'ère du numérique, Blog du FMI, 18 février 2021.

4. Quelle menace pour la stabilité monétaire et financière ?

Sans nier le potentiel de la révolution crypto, nombreuses sont les analyses qui soulignent les risques majeurs que pourrait engendrer le développement des crypto-actifs et de la finance décentralisée. C'est précisément cette question du risque qui constitue le fil conducteur de la thèse développée dans ce livre. D'importants défis vont se présenter aux législateurs, concernant la sécurité du marché financier et de ses utilisateurs. Eu égard à la grande volatilité, à la complexité des produits et à leur accès peu ou pas encadré, certains redoutent une menace pour la stabilité interne de l'écosystème, voire pour la stabilité du système financier. Ainsi le Comité de Bâle, chargé de la coordination internationale en matière de régulation bancaire, a approuvé le 3 juillet 2024 un ensemble de règles contraignant les banques à divulguer leur exposition aux crypto-actifs à partir de janvier 2026. Tout au long de l'ouvrage, nous nous attachons à recenser et analyser l'ensemble des menaces que les crypto-actifs font peser sur la stabilité monétaire et financière.

En résumé, dans ce livre, nous étudions les risques liés aux crypto-actifs en raison de leur nature et de leur extrême volatilité ; les défis de la blockchain, consistant à concilier les attentes légitimes d'anonymat et de confidentialité avec les objectifs de traçabilité pour lutter contre la fraude, le blanchiment d'argent, le financement du terrorisme, ou l'évasion fiscale ; les failles et aléas relatifs aux nouveaux services financiers ; les menaces sur la stabilité financière, la souveraineté des banques centrales, et la conduite et l'efficacité de la politique monétaire ; les risques pour les particuliers (*quid* de leur protection en cas de risque systémique ?) ; les faillites de plateformes d'échange, d'achat, de prêt de crypto-actifs. Enfin, nous examinons les solutions préconisées par les banques centrales et l'Eurosystème pour faire face à la concurrence des crypto-actifs, et notamment la mise en place d'une monnaie numérique de banque centrale (MNBC).

5. Plan et mode d'emploi de l'ouvrage

Dans le chapitre 1, nous décrivons en détail les caractéristiques et la nature – monétaire ou non monétaire ? – des crypto-actifs. Nous mettons en exergue deux problèmes qui leur sont inhérents, à savoir l'anonymat et l'impact environnemental. Nous procédons également à une taxonomie des différentes catégories de crypto-actifs. Par ailleurs, nous élargissons l'analyse au cas des pays en développement : face à des monnaies nationales hyper-volatiles et sujettes à l'inflation, les crypto-actifs sont-ils la solution ?

Dans le chapitre 2, nous nous concentrons sur la technologie de la chaîne de blocs, connue sous le nom de « technologie du grand livre distribué » et qui sous-tend le bitcoin. Après nous être penchées sur le fonctionnement, les fonctions et les usages de la chaîne de blocs, nous évaluons les risques qu'elle porte, et présentons le cadre juridique dans lequel elle s'inscrit. Nous abordons également la notion de « contrats intelligents » (*smart contracts*), dont l'émergence a été permise par la chaîne de blocs, et qui trouve une application privilégiée dans le domaine bancaire et financier. Ce chapitre est quelque peu technique, mais il nous a paru indispensable d'expliquer en détail le fonctionnement de la technologie sous-jacente afin d'embrasser l'ensemble des enjeux liés à la chaîne de blocs.

Le chapitre 3 vise à analyser les nouveaux acteurs innovants de l'écosystème monétaire et financier, les néobanques, les Fintechs et les Bigtechs, en évoquant leur ouverture sur les crypto-actifs. Nous revenons en particulier sur le projet Diem (*ex* Libra) de Facebook, qui a été abandonné en 2022, mais qui témoigne d'une offensive des géants de la Tech en matière monétaire. Dans ce contexte, quel est le futur des banques traditionnelles ? Face au pouvoir de ces nouveaux acteurs, qui profitent de la suppression des barrières à l'entrée et d'énormes effets de réseau, nous montrons que les banques traditionnelles conservent encore des atouts pour résister à la concurrence.

Le chapitre 4 est une plongée dans la finance décentralisée, son mode de fonctionnement et le type de services auxquels elle offre l'accès. Quelles innovations apportent ces services par rapport à la finance traditionnelle ? Nous détaillons les nouveaux services financiers fournis par la finance décentralisée, analysons leurs promesses et leurs failles, en les comparant à ceux de la finance traditionnelle.

Le chapitre 5 est consacré aux menaces que les crypto-actifs font peser sur la stabilité monétaire et financière. Nous analysons le lien entre monnaie et confiance, entre monnaie et souveraineté. Peut-on bâtir la confiance dans la monnaie sans une incarnation de l'autorité souveraine légitime ? La politique monétaire est-elle menacée ? Autant de questions auxquelles nous tentons de répondre en analysant les conséquences des crypto-actifs sur la souveraineté des banques centrales et sur la conduite et l'efficacité de la politique monétaire. Nous évoquons également la nécessaire régulation des crypto-actifs afin de contenir les risques systémiques.

Enfin, dans le chapitre 6, nous ébauchons ce à quoi ressemblera le paysage monétaire du futur. Nous montrons que les banques centrales ne restent pas sans réagir face à cette concurrence accrue des moyens de paiement numériques privés. Conscientes de l'enjeu de souveraineté, elles souhaitent répondre sur le terrain de l'innovation technologique à la menace des crypto-actifs, en créant des monnaies numériques publiques, les monnaies numériques de banque centrale (MNBC). Dès lors, s'achemine-t-on vers un système uniquement gouverné par le numérique ? Les espèces vont-elles disparaître du paysage ? Après avoir décrit le principe, le fonctionnement et les enjeux d'une monnaie numérique de banque centrale, nous verrons pourquoi, selon nous, les espèces ne doivent pas disparaître et pourquoi nous nous acheminons vraisemblablement vers une coexistence entre espèces et monnaies numériques de banques centrales.

Puisse cet ouvrage apporter à nos lecteurs, l'éclairage scientifique, la pédagogie et les clés pour comprendre l'écosystème nébuleux des crypto-actifs et le changement de paradigme qui est en jeu.

Chapitre 1

L'émergence d'une nouvelle catégorie d'actifs numériques : les crypto-actifs

Bien que les crypto-actifs soient apparus il y a à peine 15 ans, leur fondement idéologique n'est pas nouveau : l'idée de créer une « monnaie » échappant à la tutelle de l'État plonge ses racines loin dans le passé, et notamment dans l'idéologie libertarienne.

L'idéologie libertarienne a été théorisée par l'école autrichienne d'économie – conduite par Eugen von Böhm-Bawerk, Ludwig von Mises et Friedrich A. Hayek. Selon ces économistes, les cycles économiques sont la conséquence inévitable des interventions sur le marché monétaire, dans un système où une expansion excessive des crédits bancaires entraîne une augmentation de l'offre de monnaie *via* le processus de création monétaire qui conduit à des taux d'intérêt artificiellement bas. Dans son ouvrage intitulé *Denationalisation of money* (*Pour une vraie concurrence des monnaies*, 1976), Hayek proposait de retirer le monopole de la création monétaire des mains des gouvernements et de laisser cette tâche à l'industrie privée. Forts de cet héritage, les défenseurs du bitcoin dénoncent l'interventionnisme économique des banques centrales, particulièrement développé depuis la crise.

Pour les héritiers de la pensée libertarienne, les crypto-actifs, grâce à leur anonymat et leur caractère décentralisé, constituent une révolution permettant d'en finir avec le pouvoir « arbitraire » des États et des banques centrales. Faut-il croire en cette utopie ? Comme le rappelle Éric Woerth dans un rapport d'information de l'Assemblée nationale sur les crypto-actifs (2019)[1], étymologiquement, le terme « crypto » vient du grec *kruptos* ou *kruphaios* qui signifie « caché » : or en matière de crypto-actifs, beaucoup de choses demeurent encore non transparentes. Dans cette

1. Assemblée Nationale (2019), Rapport d'information déposé en application de l'article 145 du règlement, par la commission des finances, de l'économie générale et du contrôle budgétaire, en conclusion des travaux d'une mission d'information relative aux monnaies virtuelles, n° 1624.

perspective, les crypto-actifs peuvent-ils remplacer les monnaies traditionnelles ? Est-ce souhaitable ? De quels risques sont-ils porteurs ?

Dans ce chapitre, nous posons d'abord la question de savoir si les crypto-actifs possèdent les caractéristiques d'une monnaie. Nous mettons ensuite en exergue deux problèmes inhérents aux crypto-actifs, à savoir leur anonymat et leur impact environnemental. Nous étudions ensuite l'adoption des crypto-actifs dans le monde, et en particulier le cas des pays en développement. Nous détaillons enfin les différentes catégories de crypto-actifs avant de conclure.

1. Les crypto-actifs sont-ils des monnaies ?

1.1. La notion de crypto-actifs

Les crypto-actifs (ou actifs numériques) ont été définis pour la première fois au 7° bis de l'article L. 561-2 du Code monétaire et financier comme « *tout instrument contenant sous forme numérique des unités de valeur non monétaire pouvant être conservées ou être transférées dans le but d'acquérir un bien ou un service, mais ne représentant pas de créance sur l'émetteur* ». De son côté, le droit de l'Union européenne donne une définition plus large du crypto-actif dans le cadre de la cinquième directive européenne de lutte contre le blanchiment : « *un crypto-actif est une représentation numérique d'une valeur qui n'est pas émise ou garantie par une banque centrale, qui n'est pas nécessairement attachée à une monnaie ayant cours légal et qui ne possède pas le statut juridique d'une monnaie, mais qui est acceptée par des personnes physiques ou morales comme un moyen d'échange et qui peut être transférée, stockée ou échangée électroniquement* ».

Pour le dire plus simplement, les crypto-actifs sont des actifs virtuels reposant sur la technologie de la chaîne de blocs, permettant à une communauté d'utilisateurs qui les acceptent comme moyen de paiement de réaliser des transactions, sans avoir à recourir à la monnaie légale.

On distingue deux grandes catégories de crypto-actifs selon leur usage potentiel :

- Les crypto-actifs dits de première génération sont utilisés comme moyen d'échange et de paiement en ligne, émis à partir de leurs propres chaînes de blocs, tels que le bitcoin et l'ether. On parle parfois de crypto-actifs « natifs » pour désigner le fait que chacun est émis par une chaîne de blocs spécifique et indispensable à son fonctionnement.
- Les crypto-actifs dits *stablecoins* sont adossés à une réserve d'actifs afin de tenter d'en réduire la volatilité. On peut distinguer trois types de *stablecoins* en fonction du type d'ancrage : les *stablecoins* centralisés

où l'ancrage est assuré par la constitution d'un fonds de réserve; les *stablecoins* décentralisés garantis par d'autres crypto-actifs; les *stablecoins* décentralisés algorithmiques (voir *infra* 4.3).

1.2. Les crypto-actifs ne possèdent pas les attributs d'une monnaie

Avant d'aborder la question, il est utile d'entreprendre une typologie des instruments monétaires pour visualiser les caractéristiques des crypto-actifs (graphique 1). Notre classification reprend celle de Claeys *et al.* (2018), elle-même basée sur celle de Bech et Garratt (2017). Elle se base sur trois critères principaux : 1) l'émetteur : gouvernemental ou privé; 2) la forme que prend l'instrument : physique ou numérique; et 3) la manière dont les transactions sont réglées : centralisée ou décentralisée.

Graphique 1 : **Taxonomie des instruments monétaires**

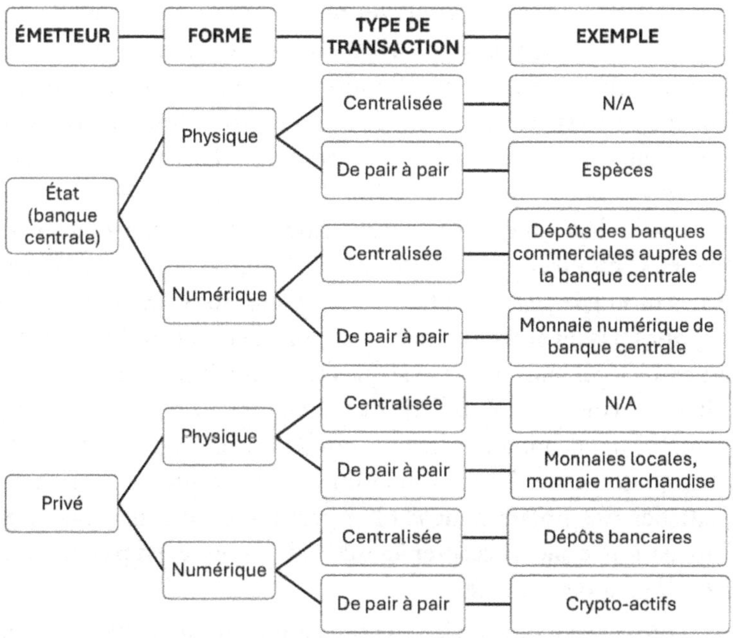

Sources : Claeys *et al.* (2018), Bech et Garratt (2017).

Ainsi, les crypto-actifs se caractérisent essentiellement par trois propriétés. D'abord, ils ne sont pas émis par une autorité centrale, mais par un émetteur privé. Ensuite, ils sont émis sous forme numérique. Enfin, les échanges se font de pair à pair, ce qui signifie qu'aucune autorité centrale n'est nécessaire dans les échanges entre deux contreparties. Ceci constitue la principale nouveauté des crypto-actifs. Les crypto-actifs sont gérés par un algorithme complexe, et leur valeur évolue en fonction de l'offre et de la demande *via* des sites internet qui font office de bureaux de change.

Les crypto-actifs ont-ils les attributs d'une monnaie? Rappelons tout d'abord qu'une monnaie remplit traditionnellement trois fonctions, définies pour la première fois par Aristote : unité de compte, intermédiaire des échanges et réserve de valeur. Elle est d'abord unité de compte, car elle est utilisée comme étalon de mesure pour exprimer le prix de tous les biens et services dans la même unité. Elle est également intermédiaire des échanges (Jevons, 1875; Kiyotaki et Wright, 1989), car elle est un bien particulier utilisé dans toutes les transactions, qui joue le rôle d' « équivalent général » accepté par tous dans l'échange. Enfin, elle est une réserve de valeur, c'est-à-dire que la monnaie est un actif qui peut être conservé sans perte significative de valeur, et qui permet de transférer du pouvoir d'achat dans le temps.

Le fait d'être une réserve de valeur apparaît d'ailleurs comme une condition nécessaire pour être à la fois unité de compte et intermédiaire des échanges : ce n'est que si la valeur d'une monnaie est stable dans le temps qu'elle sera utilisée par une masse critique d'utilisateurs. Pour assurer cette stabilité, il est nécessaire que l'offre de monnaie suive la demande de monnaie pour éviter un déséquilibre qui conduirait à l'inflation ou à la déflation (Claeys *et al.*, 2018). La stabilité de la monnaie et son adoption à grande échelle dépendent d'un facteur crucial : la confiance inspirée aux utilisateurs. C'est précisément cette confiance qui a permis, dans l'histoire, l'essor des monnaies *fiat*. En effet, ces dernières sont des monnaies fiduciaires émises par un gouvernement – comme l'euro, le dollar ou le yen –, qui ont cours légal mais dont la valeur n'est ni intrinsèque ni adossée à un actif physique comme l'or ou l'argent. La valeur de la monnaie *fiat* repose uniquement sur la confiance des citoyens dans le gouvernement émetteur ou la banque centrale. L'État a joué un rôle déterminant dans l'essor de ces monnaies *fiat*, notamment *via* l'imposition d'un cours légal, c'est-à-dire l'obligation légale d'accepter les billets et les pièces en paiement d'une somme d'argent déterminée.

Les crypto-actifs n'ont pas les attributs d'une monnaie. Pour commencer, leur grande volatilité ne permet pas d'en faire des réserves de valeur crédibles (Yermack, 2015; Roubini, 2018; Dirk et Dimpfl, 2021). Le graphique 2 reproduit et actualise le graphique de Yermack (2015), qui représente la volatilité annualisée du cours du bitcoin en dollars. À titre de comparaison, le graphique montre les volatilités annualisées des taux de change de l'euro, du yen, de la livre sterling, ainsi que le cours de l'or en dollars. Sur la période 2014-2023, la volatilité du taux de change du bitcoin était de 137 %, soit environ 15 fois supérieure aux volatilités des taux de change des monnaies de référence, qui se situent autour de 9 %. L'or, qui constitue une réserve de valeur, avait une volatilité de 14 % sur la même période, sur la base de son taux de change libellé en dollars. Ainsi, la volatilité excessive du bitcoin correspond davantage au comportement d'un investissement spéculatif qu'à celui d'une monnaie.

Graphique 2 : **Volatilités annualisées des crypto-actifs et actifs de référence par rapport au dollar, 2014-2023**

En %

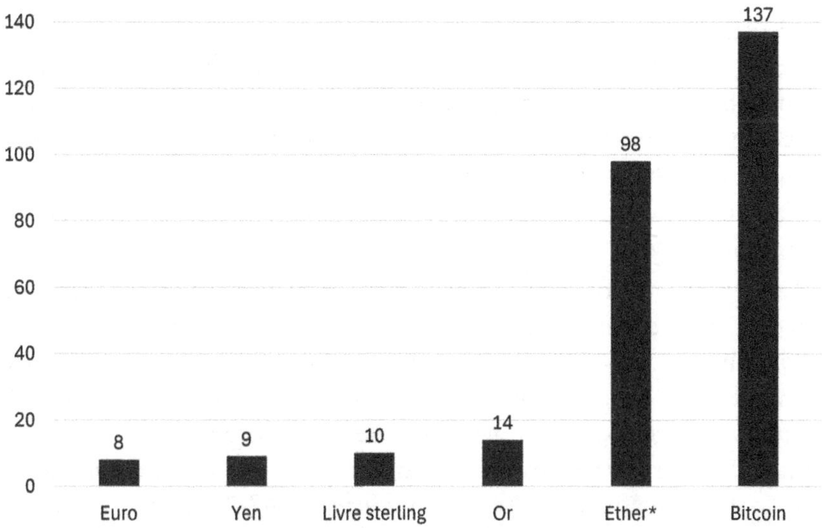

* Pour l'ether, la série de données de prix débute en mars 2016.

Source : Investing.com, calculs des auteurs.

Note : la volatilité d'un actif est calculée sur des données journalières, comme l'écart-type annualisé des variations journalières entre le cours à l'ouverture et à la clôture.

Dans le cas du bitcoin, l'offre évolue selon un algorithme prédéterminé, en n'accordant que peu ou pas d'attention à un taux optimal de croissance monétaire. Au contraire, le protocole prévoit un ralentissement asymptotique du taux de seigneuriage jusqu'à zéro en 2140, date à laquelle le dernier bitcoin devrait être émis, avec un montant total final fixé à 21 millions d'unités ; tous les quatre ans environ, la quantité de bitcoin qu'il est possible de créer est divisée par deux – selon le mécanisme dit du *halving*. Cela est censé agir comme une mesure déflationniste pour éviter l'inflation liée à l'expansionniste monétaire. Mais ce comportement inélastique de l'offre, décorrélé des évolutions de la demande, entraîne en réalité une volatilité qui ne permet pas d'assurer la fonction de réserve de valeur. En outre, cette volatilité est un frein à l'adoption des crypto-actifs par un nombre critique d'utilisateurs. En présence d'un nombre d'utilisateurs limité – et principalement constitué de spéculateurs –, les crypto-actifs peinent ainsi à assurer les deux autres fonctions de la monnaie (unité de compte et intermédiaire des échanges). La forte volatilité à laquelle se rajoutent les frais induits et les durées de validation des transactions démesurées pour de simples opérations de détail rendent les crypto-actifs inadaptés pour assurer la fonction d'intermédiaire des échanges. Enfin, les crypto-actifs n'apparaissent pas comme des unités de compte fiables : étant donné que la valeur d'un bitcoin par rapport à d'autres monnaies varie considérablement au jour le jour, les détaillants qui l'acceptent doivent recalculer les prix très fréquemment, une pratique coûteuse pour le commerçant et source de confusion pour le consommateur. Une autre limite découle de la coexistence de plusieurs prix de marché du bitcoin à l'instant t, ce qui représente une violation manifeste de la loi classique du prix unique : cette incertitude de la valeur marchande d'un bitcoin pose un problème à tout vendeur cherchant à fixer les prix à la consommation (Yermack, 2015).

D'un point de vue légal, rappelons qu'en France, les crypto-actifs ne peuvent servir d'étalon-prix (unité de compte), car les prix des biens et services ne sont pas libellés en bitcoins ou autres crypto-actifs. D'après l'article L. 111-1 du Code monétaire et financier (CMF), « *la monnaie de la France est l'euro* » et c'est ainsi la seule monnaie ayant cours légal en France. Dès lors, il est possible de refuser un paiement en crypto-actifs sans contrevenir aux dispositions de l'article R. 642-3 du Code pénal qui sanctionne « *le fait de refuser de recevoir des pièces de monnaie et des billets de banque ayant cours légal en France* ». Comme le souligne Nouriel Roubini (2018), « *les cybermonnaies n'ont pas de valeur intrinsèque, alors que la monnaie fiat en a certainement dans la mesure où elle peut être utilisée pour payer des impôts. La monnaie fiat a cours légal et peut être utilisée et est utilisée pour acheter n'importe quel bien ou service ; elle peut également servir à payer les dettes fiscales. Elle est également protégée contre la dépréciation de valeur par les banques centrales* ».

Au total, sur le plan juridique, un crypto-actif n'est pas une monnaie ; il ne dépend d'aucune institution, ne bénéficie d'aucun cours légal dans aucun pays ce qui rend l'évaluation de sa valeur difficile, et il ne peut être épargné donc constituer une valeur de réserve. Il ne repose pas sur un tiers de confiance, comme une banque centrale pour une monnaie. Il n'est pas non plus une monnaie électronique (voir encadré 1). Par ailleurs, il existe une différence fondamentale entre les monnaies fiduciaires traditionnelles et les crypto-actifs. Les premières sont soutenues par un État et exigent le paiement des impôts dans la monnaie émise par l'État, ce qui crée une demande directe pour cette monnaie. N'étant reconnu ni comme monnaie ayant cours légal ni comme moyen de paiement, le crypto-actif n'entre pas dans la sphère de mission de surveillance de la Banque de France. Comme le déclare Jean-Claude Trichet, ex-président de la BCE et ancien gouverneur de la Banque de France, « *le Bitcoin ne représente rien du tout si ce n'est sa rareté, il s'agit de spéculation pure* »[2].

Encadré 1

Le crypto-actif est-il une monnaie électronique ?

La directive 2009/110/CE du Parlement européen et du Conseil du 16 septembre 2009 définit la monnaie électronique comme « *une valeur monétaire qui est stockée sous une forme électronique, y compris magnétique, représentant une créance sur l'émetteur, qui est émise contre la remise de fonds aux fins d'opérations de paiement* [...] *et qui est acceptée par une personne physique ou morale autre que l'émetteur de monnaie électronique* ». Le début de la définition « *valeur monétaire stockée sous une forme électronique* » pourrait nous inciter à conclure que le crypto-actif est une monnaie électronique. Mais ce n'est pas le cas dans la mesure où il ne répond pas à la définition de la monnaie électronique qui est émise sans délai contre la remise de fonds (article L. 315-2 du Code monétaire et financier). En outre, alors qu'avec les crypto-actifs il y a création d'un actif numérique, dans le cas de la monnaie électronique, il y a prépaiement et stockage de monnaie dite « traditionnelle » sur un autre support, donc pas création de monnaie au sens propre du terme. Enfin, contrairement à la monnaie électronique, le crypto-actif n'est pas assorti, dans l'Union européenne, d'une garantie légale de remboursement à tout moment et à la valeur nominale.

Pour toutes ces raisons, nous avons choisi d'opter pour le terme de « crypto-actif » plutôt que pour celui de « crypto-monnaie », dans la mesure où ces nouveaux actifs ne remplissent pas les fonctions d'une monnaie. Nous nous concentrons à présent sur deux problématiques inhérentes aux crypto-actifs : leur anonymat et leur empreinte écologique.

2. La face sombre des crypto-actifs

2.1. *L'anonymat*

L'anonymat est l'un des grands problèmes des crypto-actifs : ces derniers fonctionnent grâce à un pseudonyme chiffré et une adresse pouvant être modifiée à chaque transaction. Grâce à l'anonymat des transactions, à la dissimulation des flux financiers et à une règlementation moins stricte, les crypto-actifs encouragent la fraude fiscale et le contournement des règles relatives à la lutte contre le blanchiment des capitaux. Ils participent au

2. Boursorama, interview de Jean-Claude Trichet du 7 janvier 2021.

financement du terrorisme, notamment *via* la conversion d'argent sale en crypto-actifs et la sortie anonyme de capitaux. Par ailleurs, ils favorisent le développement du logiciel-rançonneur (*ransomware*) dans la mesure où les cybercriminels se livrant à ce type d'attaque exigent le paiement de la rançon en crypto-actifs, évitant ainsi le traçage des virements inhérent au système bancaire traditionnel. Enfin, les crypto-actifs restent fortement liés aux marchés noirs de l'internet clandestin (*darknet*) qui permettent notamment de payer en crypto-actifs l'achat anonyme d'armes, de drogues, ou des services de tueurs à gages.

Les cybercriminels ont blanchi 22,2 milliards de dollars de crypto-actifs illicites en 2023 : ce chiffre est certes en baisse de 30 % par rapport à 2022 – en partie en raison d'une baisse du nombre total de transactions (-15 %) –, mais il a néanmoins doublé depuis 2019 (Chainalysis, 2024). En 2020, un groupe de travail sur l'application des règles de lutte contre le blanchiment des capitaux (LCB) et le financement du terrorisme (FT), qui réunissait des autorités publiques (ACPR, AMF, Direction générale du Trésor, TRACFIN), des acteurs du secteur des crypto-actifs ainsi que des institutions financières, a distingué deux tendances dans les techniques de blanchiment : la criminalité spécifique aux crypto-actifs et celle de droit commun ayant recours aux crypto-actifs[3]. Dans le premier cas, les crypto-actifs sont l'objet, le support, ou le produit de l'infraction ; dans le second, ils peuvent être utilisés indépendamment de l'infraction d'origine, comme instrument de blanchiment.

Concernant la criminalité spécifique aux crypto-actifs, le groupe de travail cite, à titre d'exemple, le minage pirate (*cryptojacking*) – type de cybercriminalité qui consiste à détourner la puissance de calcul d'un ordinateur à l'aide d'un logiciel malveillant afin de créer des crypto-actifs pour le compte du pirate et à l'insu de la victime –, le logiciel rançonneur (*ransomware*), ou encore le piratage de plateformes d'échange.

Pour ce qui est de la criminalité de droit commun ayant recours aux crypto-actifs, le groupe de travail souligne que l'apparition des nouvelles technologies et leur démocratisation permettent aux délinquants de développer de nouveaux modes opératoires de blanchiment : développement du trafic de stupéfiants et de son blanchiment sur l'internet clandestin (*dark web*), achat et vente de produits illicites, ou de services illégaux tels que la vente d'armes, de coordonnées bancaires volées, de contenus pédopornographiques, etc. En dehors de l'internet clandestin, les délinquants de droit commun recourent également aux crypto-actifs dans le cadre d'escroqueries, de mouvements de fonds transfrontaliers liés à tout type

3. Voir Forum Fintech ACPR-AMF (2020), Groupe de travail sur l'application des règles de LCB-FT au secteur des crypto-actifs, Compte-rendu des travaux.

de criminalité financière ou organisée. Enfin, ces actifs virtuels servent de refuge pour les transactions financières de groupements terroristes.

Face à l'avènement des crypto-actifs, les autorités françaises ne sont pas restées sans réagir. En témoigne la promulgation le 22 mai 2019 de la loi PACTE (Plan d'action pour la croissance et la transformation des entreprises) dont le dispositif réglementaire permet notamment d'encadrer l'activité des prestataires de services sur actifs numériques (PSAN) pour répondre à deux objectifs : d'une part, «*permettre la mise en place d'un environnement favorisant l'intégrité, la transparence et la sécurité des services*» et, d'autre part, offrir «*un cadre sécurisant pour le développement d'un écosystème français robuste*». Elle comporte deux volets de régulation :

- Le premier volet est optionnel : les prestataires de services sur actifs numériques (PSAN) pourront solliciter un agrément auprès de l'Autorité des marchés financiers (AMF), qui est un gage de fiabilité et de sérieux.
- Le second volet est contraignant. Il prévoit un enregistrement obligatoire de tous les PSAN, au titre de la lutte contre le blanchiment d'argent. Les PSAN offrant un service de conservation d'actifs numériques pour le compte de tiers ou un service d'achat/vente d'actifs numériques contre une monnaie ayant cours légal (échanges dits *crypto-to-fiat*) doivent obligatoirement s'enregistrer auprès de l'Autorité des marchés financiers (AMF) avant le démarrage de leurs activités et sur avis conforme de l'Autorité de contrôle prudentiel et de résolution (ACPR) sous peine de sanctions pénales. Concernant les risques de blanchiment et de financement du terrorisme, le PSAN doit identifier et évaluer les risques de blanchiment et de financement du terrorisme auxquels il est exposé et mettre en place une politique adaptée à ces risques. Par ailleurs, une ordonnance du 9 décembre 2020 modifie le régime des PSAN instauré par la loi PACTE et renforce le cadre de la lutte contre le blanchiment des capitaux et le financement du terrorisme applicable aux actifs numériques : cette ordonnance, prise sur le fondement de l'article 203 de la loi PACTE, soumet aux obligations prévues par le Code monétaire et financier en matière de LCB-FT les échanges d'actifs numériques contre d'autres actifs numériques (échanges dénommés *crypto-to-crypto*) et les plateformes de négociation d'actifs numériques. Elle complète ainsi le cadre juridique de la loi PACTE, qui avait déjà inclus dans le champ des entités assujetties à la LCB-FT les prestataires de services d'échange entre actifs numériques et monnaie ayant cours légal et les services de conservation d'actifs numériques pour le compte de tiers.

Par ailleurs, la loi PACTE concerne certains fonds d'investissement : les fonds professionnels spécialisés (FPS) et de capital-investissement (FCPI) peuvent désormais investir dans des actifs numériques inscrits dans un dispositif d'enregistrement électronique partagé (DEEP).

Le 18 janvier 2024, dans le cadre de la lutte contre le blanchiment d'argent, le Parlement européen et le Conseil de l'UE ont conclu un accord afin d'harmoniser les réglementations des paiements en espèces, très disparates dans les 27 pays membres de l'UE. Le but était de repérer et de limiter les transactions douteuses, et l'accord a été étendu aux crypto-actifs. Il prévoit notamment la surveillance des transactions en crypto-actifs supérieures à 1 000 euros. « *Il étend la liste des entités assujetties à de nouveaux organismes. Les nouvelles règles couvriront la majeure partie du secteur des crypto-actifs, obligeant tous les prestataires de services sur actifs financiers PSAN à faire preuve de diligence raisonnable à l'égard de leurs clients. Cela signifie qu'ils devront vérifier les faits et les informations sur leurs clients, mais également signaler toute activité suspecte* » (Communiqué de presse du Conseil de l'UE).

2.2. *Une menace non négligeable pour l'environnement*

La puissance de calcul nécessaire pour le minage ayant explosé, la consommation électrique associée au fonctionnement de la technologie blockchain sur laquelle reposent les crypto-actifs est considérable. Plusieurs études confirment l'augmentation de l'impact environnemental du minage des crypto-actifs avec l'augmentation des cours. Dans un article intitulé « La folie électrique du bitcoin », Jean-Paul Delahaye évoque une effrayante consommation d'électricité liée au fonctionnement des crypto-actifs. Pour ce professeur émérite et chercheur au CNRS, « *le fonctionnement du bitcoin s'appuie sur un calcul qui entraîne une consommation d'énergie aussi considérable qu'inutile* ».

Le Center for Alternative Finance de l'Université de Cambridge (CCAF) gère un indice, le *Cambridge Bitcoin Electricity Consumption Index*, qui fournit des estimations de la consommation d'électricité liée aux opérations de minage du bitcoin sur une base quotidienne et annuelle. Malgré une amélioration de l'efficacité énergétique de la puissance de minage, sa consommation d'électricité a été multipliée par dix entre 2017 et 2023. Le bitcoin est extrêmement énergivore : d'après le CCAF, le minage du bitcoin a consommé plus de 120 térawattheures d'électricité en 2023, et 158 térawattheures au premier semestre 2024 en moyenne annualisée (graphique 3). À titre de comparaison, cette dépense énergétique équivaut à la consommation annuelle d'électricité d'un pays comme l'Égypte ou la Pologne, et représente environ un tiers de la consommation électrique annuelle de la France! Autre chiffre frappant, en 2022, le réseau Bitcoin a consommé 4,3 fois plus d'électricité que Google (Alphabet). Sans parler des déchets électroniques, issus de la mise au rebut de matériels de minage devenus très rapidement obsolètes : le système bitcoin produit annuellement autant de déchets que l'ensemble des Pays-Bas[4]. Les chiffres sont encore plus frappants lorsque l'on s'intéresse à la consommation d'énergie pour une transaction unique en bitcoins. D'après la plateforme Digiconomist.net, l'énergie nécessaire à une seule transaction en 2024 équivaut en effet à la consommation d'électricité d'un foyer américain durant 25 jours.

Graphique 3 : **Consommation d'électricité annualisée pour le minage du bitcoin**

En terrawattheures (Twh)

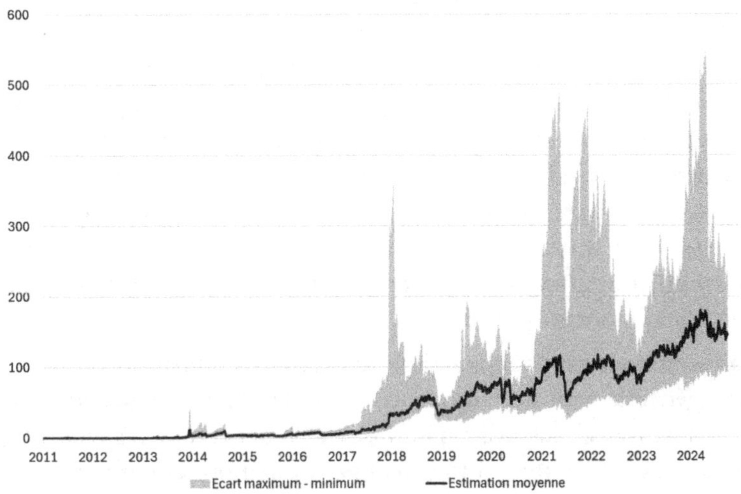

Source : Cambridge Bitcoin Electricity Consumption Index.

Les crypto-actifs sont non seulement énergivores, mais ils génèrent également de fortes émissions de gaz à effet de serre. D'après Digiconomist.com, l'empreinte carbone du bitcoin représenterait l'équivalent de 924 715 transactions VISA. En réalité, déterminer l'empreinte carbone exacte du bitcoin est complexe; cela nécessite de connaître les sources d'électricité utilisées par les mineurs à travers le monde. C'est précisément ce que fait le CCAF : à partir d'informations détaillées sur la localisation des mineurs, le Centre déduit un mix énergétique (voir De Vries *et al.*, 2022 pour la méthodologie). Il apparaît que la plupart des installations minières du réseau Bitcoin sont alimentées par des combustibles fossiles : en janvier

4. Données issues du site Digiconomist.net.

2022, 62,4 % de l'électricité utilisée provient des énergies fossiles – notamment 36,6 % du charbon et 25,5 % du gaz naturel –, contre seulement 26,3 % pour les renouvelables et 11,3 % pour le nucléaire. En particulier, De Vries *et al.* (2022) montrent que la répression de l'exploitation minière en Chine en 2021, qui a contraint les mineurs à se déplacer vers des pays comme les États-Unis ou le Kazakhstan, pourrait avoir entraîné la hausse de l'intensité carbone de l'extraction de bitcoins – que les auteurs estiment à +17 % entre 2020 et août 2021[5]. La preuve que le minage de crypto-actifs nécessite une très grande puissance de calcul et génère une énorme consommation d'électricité peut être également illustrée par la technique du minage pirate évoquée précédemment.

Comment expliquer la gourmandise énergétique du bitcoin ? D'abord par sa structure décentralisée et son mode de fonctionnement. En effet, pour valider les transactions, le bitcoin exige des mineurs de résoudre des problèmes mathématiques de plus en plus complexes, à partir de leur puissance de calcul (voir chapitre 2). Ce mécanisme de consensus basé sur la preuve de travail est très énergivore. D'abord, il implique la mise en concurrence de très nombreux mineurs pour résoudre une équation : ainsi, la concurrence est de plus en plus féroce et les énigmes de plus en plus complexes à résoudre, ce qui nécessite une dépense énergétique sans cesse croissante. Mais surtout, il implique que seul le plus rapide des mineurs sera récompensé et que l'énergie déployée par 99,9 % des autres machines sera en quelque sorte « perdue ».

Confrontés à cette problématique énergétique, les partisans du bitcoin arguent généralement du fait que, en vertu de la concurrence inhérente à la preuve de travail, les mineurs utiliseraient des ressources énergétiques localement excédentaires, qui seraient perdues sinon. Cet argument serait recevable si les usines de minage ne fonctionnaient que de façon intermittente, lorsque la production d'énergie excède la demande. Or les faits montrent que même si les mineurs peuvent effectivement tirer parti des surcapacités hydroélectriques, ils contribuent à augmenter la demande énergétique de base du réseau tout au long de l'année (De Vries, 2019). L'association entre énergies renouvelables et minage du bitcoin est donc illusoire. Lorsque la production d'énergie renouvelable baisse, la demande doit être satisfaite par de l'énergie provenant de sources alternatives, notamment les centrales thermiques : en Chine, les mineurs de bitcoin déménagent pendant la saison sèche leur matériel de minage installé dans le sud, où se trouvent les barrages hydroélectriques, vers le nord doté de centrales à charbon. Le minage est ainsi un processus continu, qui entre

5. Notons que d'après le CCAF, la Chine reste la deuxième plaque tournante du minage de bitcoins, malgré l'interdiction du minage, avec plus de 20 % des parts du marché mondial.

par ailleurs en concurrence avec les besoins énergétiques de populations, souvent pauvres et déjà soumises à une forte précarité énergétique.

Y a-t-il une solution pour réduire drastiquement l'empreinte carbone du bitcoin ? Une solution consisterait à remplacer la preuve de travail par une preuve d'enjeu, et permettrait, selon ses détracteurs, de réduire la demande d'énergie du réseau de plus de 99 %. C'est d'ailleurs le cas d'Ethereum, qui a migré en septembre 2022 d'un système basé de la preuve de travail à un système basé sur la preuve d'enjeu. Dans un système de preuve d'enjeu, le droit de créer un nouveau bloc dans la chaîne est proportionnel à la quantité d'actifs numériques que détient un validateur (l'équivalent des mineurs pour la preuve de travail). Cependant, la preuve d'enjeu poserait davantage de problèmes de sécurité que la preuve de travail. Ainsi, les critiques soulignent que la preuve d'enjeu peut favoriser les participants les plus riches, ce qui peut conduire à une centralisation et un risque de contrôle du réseau par une entité unique. Dans le système de preuve de travail, la double sécurité que constituent le coût initial de l'équipement et les coûts énergétiques permanents rend l'attaque du réseau moins réaliste ; en revanche, les systèmes de preuve d'enjeu n'ont que des coûts initiaux de participation, ce qui les rend plus vulnérables aux attaques.

3. L'adoption des crypto-actifs dans le monde

3.1. Le marché des crypto-actifs

D'après l'indice *Coinmarketcap*, la capitalisation de marché de l'ensemble des crypto-actifs atteint 2 213 milliards de dollars dans le monde au premier semestre 2024, soit 10 fois plus qu'au premier semestre de 2020 (graphique 4). En parallèle, tout un écosystème se met en place, avec des bourses de crypto-actifs, des portefeuilles électroniques, des mineurs et des émetteurs de cyberjetons indexés. La taille du marché reste cependant modeste en comparaison des principales autres catégories d'actifs ; à titre de comparaison, la capitalisation de la Bourse de New York atteignait 27 306 milliards de dollars au premier semestre 2024. Le développement des crypto-actifs est allé de pair avec leur diversification croissante. En 2024, on recense plus de 10 000 crypto-actifs. Cependant, deux actifs représentent à eux seuls environ 70 % du marché (52,4 % pour le bitcoin et 17,0 % pour l'ether) au premier semestre 2024. En décembre 2023, 580 millions de personnes dans le monde détenaient des crypto-actifs, ce qui représente une hausse de 34 % sur la seule année 2023[6].

6. Crypto.com, Crypto Market Sizing, janvier 2024.

Graphique 4 : **Capitalisation de marché des crypto-actifs (données hebdomadaires)**

En milliards de dollars

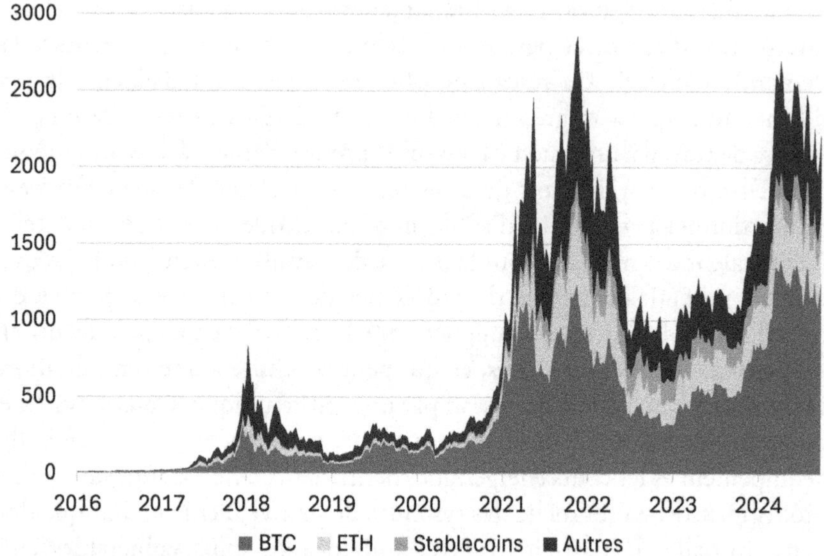

Source : Coinmarketcap.

Note : la capitalisation de marché des crypto-actifs se calcule en multipliant l'offre en circulation (le nombre d'unités d'un crypto-actif) par le prix de l'actif.

3.2. *L'adoption des crypto-actifs dans les pays en développement*

Lorsque l'on analyse le taux de détention des crypto-actifs, les grands pays en développement affichent un taux d'adoption plus fort que les pays développés. Ainsi, sur un échantillon de 55 pays collecté par la base Statista, en 2022, huit des dix premiers pays en termes de taux d'adoption des crypto-actifs sont des pays en développement (graphique 5). En moyenne, sur cet échantillon de 55 pays – qui compte 23 pays en développement et 22 pays développés –, le taux d'adoption des crypto-actifs pour les pays développés est de 15 %, contre 22 % pour les pays en développement.

Ainsi, la question de l'adoption des crypto-actifs répond à des problématiques différentes entre pays développés et pays en développement. Dans les pays avancés, le monde de la finance éprouve de la défiance à l'égard des crypto-actifs spéculatifs et volatils, et les régulateurs européens et américains alertent sur les risques liés à ce type d'actifs. Du point de vue de la population, leur adoption ne semble pas particulièrement motivée par la méfiance à l'égard des monnaies fiduciaires ou de la finance réglementée (Auer et Tercero-Lucas, 2022 sur le cas des États-Unis). Les détenteurs de crypto-actifs sont plutôt les jeunes hommes, ayant un certain niveau d'éducation et une tolérance pour le risque, qui utilisent les crypto-actifs à des fins de spéculation ou de diversification de portefeuille (Auer et Tercero-Lucas, 2022 ; Fujiki, 2020).

Graphique 5 : **Taux d'adoption des crypto-actifs, top 10 des pays**

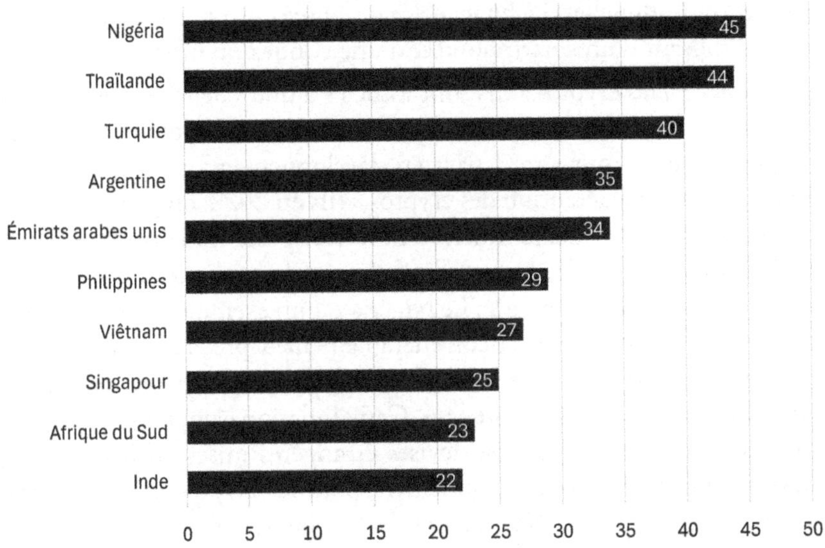

Source : Statista.

Note : les données sont issues de l'enquête *Global Consumer Survey* de Statista, menée auprès de plus de 700 000 consommateurs, dans 55 pays.

Dans des pays en développement régulièrement sujets à l'hyperinflation et aux crises monétaires, les populations ont manifesté un certain engouement pour les crypto-actifs, les conduisant à passer du microcrédit à la finance décentralisée. Plusieurs facteurs expliquent cet engouement : l'inclusion financière, la recherche d'une valeur refuge, la réduction des coûts de transaction et la protection contre la corruption.

Dans les pays en développement, la majeure partie de la population se trouve non bancarisée eu égard au manque d'infrastructures, de documentation et au phénomène d'exclusion économique, sociale et financière. Ainsi 1,7 milliard d'adultes dans le monde n'ont actuellement pas accès aux services de base. Ils ont du mal à ouvrir un compte bancaire, à accéder à des prêts… Ils s'adressent alors à des « usuriers » qui leur facturent des taux d'intérêt exorbitants. Pour lutter contre cette exclusion financière, le microcrédit est apparu comme une bouée de sauvetage. Également connu sous le nom de microbanque ou microfinance, le microcrédit consiste à prêter de petites sommes d'argent à des personnes rencontrant des difficultés d'accès au crédit bancaire classique. Introduit par Muhammad Yunus, qui a mis en place un réseau de banques Grameen au Bangladesh, le microcrédit s'est avéré être un bon outil pour soutenir les micro-entreprises et s'engager dans des activités productives. Mais les crypto-actifs et la finance décentralisée permettent d'aller plus loin. Ils offrent un accès universel et plus facile à des services financiers par rapport aux banques traditionnelles. La finance décentralisée est accessible à toute personne disposant d'un smartphone et d'une connexion internet.

Par ailleurs, les crypto-actifs sont associés à une valeur refuge face à la volatilité de ces monnaies nationales, souvent jalonnées par des épisodes d'hyperinflation. Pour les 22 pays en développement[7] pour lesquels on dispose du taux de détention des crypto-actifs en 2022, on peut visualiser la corrélation avec le taux d'inflation moyenne passé sur la période 2012-2022 (graphique 6) : plus le taux d'inflation est fort, plus le taux de détention de crypto-actifs augmente. Le Nigéria est un exemple emblématique. Sa monnaie – le naira – s'est considérablement dépréciée, en particulier entre 2015 et 2017 en raison de la chute des prix du pétrole, principale source de réserves de devises du pays. Cette inflation galopante, combinée aux restrictions en matière de devises étrangères mises en place par la Banque centrale, explique l'engouement pour les crypto-actifs. À Lagos, capitale économique du Nigéria, des développeurs informatiques se font régler en bitcoins par leurs clients londoniens pour éviter des frais bancaires élevés et le misérable taux de change officiel du naira. Nous observons une tendance analogue dans plusieurs autres pays, dont la Turquie et l'Argentine. La Turquie, qui enregistre un très fort taux d'inflation (72,3 % en 2022) et un effondrement de sa monnaie nationale, s'impose comme un des leaders mondiaux de l'adoption des crypto-actifs. En 2022, quatre Tucs sur dix détiendraient des crypto-actifs. En Argentine, le peso a connu de fortes dévaluations et le taux d'inflation moyen entre 2012 et 2022 atteint 36 %, ce qui a conduit un Argentin sur trois à détenir des crypto-actifs. De nombreux Argentins les considèrent comme une valeur refuge et recherchent de plus en plus à exercer des emplois complémentaires payés en cryptos.

Les crypto-actifs permettent également la réduction des coûts de transaction : les personnes peuvent effectuer des transferts d'argent internationaux sans avoir à payer des frais élevés.

Enfin, les crypto-actifs apparaissent, pour certains, comme une protection face à la corruption et à la faiblesse des institutions : ainsi, le taux d'adoption des crypto-actifs est corrélé significativement et positivement à une perception plus forte de la corruption (Alnasaa, 2022). Les

7. On exclut l'Argentine, qui apparaît comme un point aberrant susceptible de fausser l'analyse.

crypto-actifs et la blockchain aideraient à accroître la transparence en matière monétaire, à lutter contre la corruption et à protéger les habitants locaux contre les abus de pouvoir. Hélas, ce n'est pas toujours le cas. Récemment, au Venezuela, la corruption a mis fin aux crypto-actifs. Le Petro, crypto-actif d'État lancé fin 2017, officiellement adossé aux vastes réserves de pétrole et aux ressources minières du Venezuela devait, selon le président Nicolas Maduro, «*permettre de nouvelles formes de financement international pour le développement économique et social du pays*», alors que les sanctions américaines l'empêchaient d'émettre de la dette sur les marchés financiers. Mais en raison d'un immense scandale financier, ce crypto-actif a été interdit le 15 janvier 2024.

Graphique 6 : **Détention des crypto-actifs et taux d'inflation**

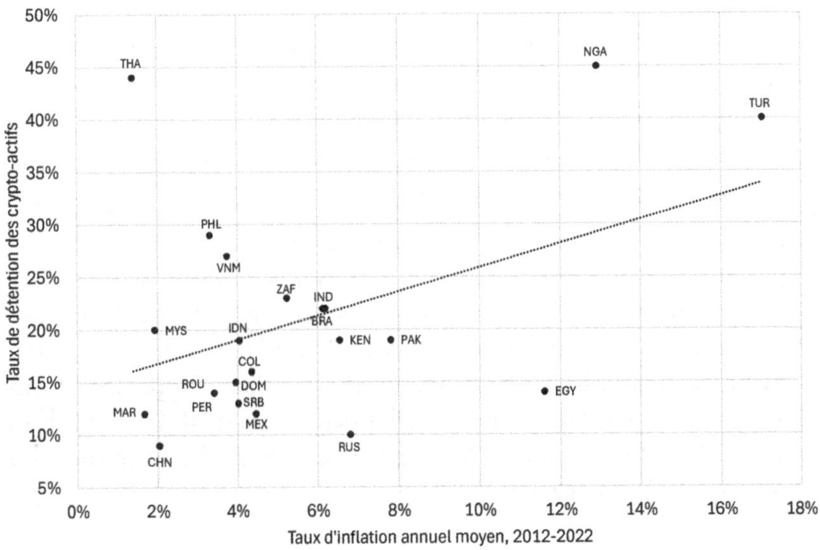

Sources : Statista, Banque mondiale.

Note : l'échantillon est composé des 21 pays pour lesquels on dispose du taux de détention des crypto-actifs en 2022 (hors Argentine).

Ainsi, les crypto-actifs bénéficient d'une bonne cote auprès des populations des pays en développement. Toutefois, un article de la BRI intitulé « Financial stability risks from cryptoassets in emerging market economics » alerte sur les risques que fait peser sur la stabilité financière l'exposition aux crypto-actifs dans les pays émergents (BRI, 2023). Pour les auteurs, « *les crypto-actifs présentent l'attrait illusoire d'être une solution simple et rapide aux défis financiers des économies émergentes* ». Ils concluent que les crypto-actifs n'ont pas réduit les risques financiers dans les économies moins développées, mais les ont plutôt amplifiés. Les auteurs s'attachent ainsi à détailler et analyser chacun des six risques qu'ils identifient, en plaidant pour davantage de régulation :

- le risque de marché : la forte volatilité des prix des crypto-actifs pouvant entraîner des pertes pour les investisseurs exposés aux marchés des crypto-actifs ;
- le risque de liquidité, auquel les investisseurs peuvent se trouver confrontés en raison du manque de transparence des opérations et de la concentration des échanges sur quelques grandes bourses ;
- le risque de crédit, lié à l'absence de responsabilité ou de gouvernance saine sur les marchés des crypto-actifs et par un effet de levier excessif dans la finance décentralisée ;
- les risques opérationnels : les crypto-actifs sont sujets aux cyberattaques et aux pannes de système ;
- le risque de substitution : les consommateurs qui délaissent les dépôts au profit des crypto-actifs peuvent entraîner une substitution de monnaie et une désintermédiation bancaire ;
- les risques liés aux flux de capitaux *via* l'utilisation des crypto-actifs pour les transferts et les paiements transfrontaliers.

En 2022, la Conférences des Nations Unies sur le commerce et le développement (CNUCED) a également alerté sur la nécessité de freiner l'essor des crypto-actifs dans les pays en développement en raison des menaces qu'ils font peser sur la stabilité financière, la mobilisation des ressources intérieures et la sécurité des systèmes monétaires. Pour stopper l'expansion des crypto-actifs dans les pays en développement, la CNUCED a exhorté les autorités à réglementer les échanges de crypto-actifs, les portefeuilles numériques et la finance décentralisée.

4. Quelques exemples de crypto-actifs : le bitcoin, l'ether et les *stablecoins*

4.1. Le bitcoin, premier crypto-actif en termes de valorisation

4.1.1. Le bitcoin, un actif virtuel et volatil aux origines mystérieuses

Le bitcoin a été inventé en 2009 par le mystérieux Satoshi Nakamoto – pseudonyme derrière lequel se cache un programmeur – dans le sillage de la crise financière mondiale. Il est à la fois une monnaie virtuelle et un protocole d'échange totalement anonyme. Premièrement, le bitcoin est une monnaie virtuelle ne dépendant d'aucune banque centrale ou institution financière, et convertible en devises telles que le dollar et l'euro. Non régulée par une autorité centrale mais gérée par un algorithme complexe, sa valeur évolue en fonction de l'offre et de la demande *via* des sites internet qui font office de bureaux de change, tels que MtGox au Japon ou Bitcoin-Central en France. Deuxièmement, il est également un réseau de paiement décentralisé de pair à pair, qui repose sur une chaîne de blocs publique, sécurisée par le protocole de la preuve de travail et où toutes les transactions sont enregistrées. Il fonctionne à un niveau global et peut être utilisé comme monnaie pour toutes sortes de transactions – à la fois des biens et services de l'économie réelle et virtuelle.

Une transaction bitcoin est un transfert de valeur entre des adresses bitcoin, basée sur la technique du minage et sur la technologie *blockchain* (voir chapitre 2). Une fois créés, les bitcoins sont stockés sur le disque dur de l'ordinateur de leur propriétaire dans un porte-monnaie virtuel et peuvent être échangés avec un tiers. Les transactions sont anonymes car les comptes ne sont pas enregistrés et les bitcoins sont transférés directement d'un ordinateur à un autre. Les transactions sont plus rapides et moins onéreuses qu'avec les moyens de paiement traditionnels, mais le système Bitcoin ne garantit pas la sécurité en cas de perte, de vol ou de fraude. Il s'agit d'un système décentralisé dans lequel les échanges se font directement d'ordinateur à ordinateur sans passer par les banques.

Depuis sa création, le cours du bitcoin a connu des soubresauts vertigineux, et la volatilité est exacerbée depuis 2017 (graphique 7). Entre mi-novembre et mi-décembre 2017, le cours du bitcoin passe de 7 000 à 18 000 dollars… avant de retomber à 3 700 dollars fin 2018. Une des explications de cette envolée est le lancement, le 10 décembre 2017, des premiers contrats à terme sur le bitcoin sur le Chicago Board Options Exchange (CBOE), principale bourse d'options américaine. Pour certains, cette entrée en Bourse constitue en effet un début de reconnaissance du bitcoin. En février 2021, les cours s'envolent, notamment grâce à Elon Musk. Ce dernier annonce que Tesla investit 1,5 milliard de dollars en bitcoins et qu'il prévoit d'accepter le bitcoin comme moyen de paiement pour ses véhicules : le cours du bitcoin double entre début février et mi-mars 2021. Le 13 mai 2021, coup de théâtre : Tesla annonce qu'il suspend les achats de voitures en bitcoins en raison de l'impact écologique du crypto-actif, et le cours du bitcoin dévisse. En septembre 2021, les cours repartent à la hausse, notamment grâce à la création d'un fonds d'investissement (ETF) adossé au bitcoin à la Bourse de New York. Après une année 2022 marquée par l'hiver des crypto-actifs, combinaison du resserrement de la politique monétaire, de la faillite de la plateforme FTX et du crash du *stablecoin* Terra, le cours du bitcoin remonte progressivement. À partir de mi-octobre 2023, la hausse s'accélère sous l'effet de plusieurs facteurs, et notamment l'annonce de la future autorisation du régulateur américain d'autoriser un fonds indiciel (ETF) indexé sur le bitcoin – une annonce qui devient effective le 10 janvier 2024.

Graphique 7 : **Cours du bitcoin et de l'ether**

en dollars

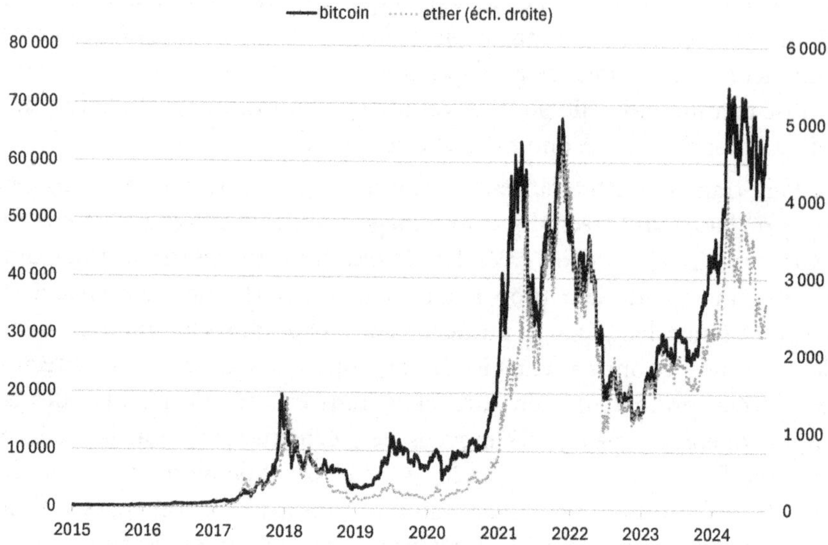

Source : coingecko.com

En 2024, le Salvador est le seul pays du monde où le bitcoin est une monnaie légale. Ainsi, il est le premier pays à avoir légalisé le bitcoin comme monnaie d'échange officielle le 7 septembre 2021. L'adoption du bitcoin comme devise à cours légal devait permettre de diminuer l'exclusion financière – 70 % des Salvadoriens sont exclus du système bancaire – et de faciliter les transferts de fonds de quelque 3 millions d'émigrés vers le Salvador. Cette décision a été mal reçue dans le pays, ainsi qu'à l'étranger par le Fonds monétaire international (FMI), la Banque mondiale et les agences de notation. Surtout, cette expérience s'est avérée peu concluante et n'a pas permis de favoriser l'inclusion financière de la population (encadré 2). Le Salvador illustre ainsi l'expérience ratée d'adoption du bitcoin par un pays en développement. Cet échec n'a pas empêché la République centrafricaine – deuxième pays le moins développé du monde selon l'ONU – de faire du bitcoin sa monnaie légale à côté du franc CFA le 26 avril 2022, malgré un taux d'accès à internet de seulement 10 % de la population et un risque de blanchiment des capitaux accru. Les autorités ont néanmoins fait machine arrière le 23 mars 2023, sous la pression des institutions régionales, et notamment de la Banque des États de l'Afrique centrale (BEAC) qui considérait cette adoption comme une violation de l'Union monétaire en Afrique centrale, à laquelle le pays adhérait : le bitcoin a désormais un statut de « monnaie de référence », mais pas de monnaie légale.

Encadré 2

Le bitcoin comme monnaie légale au Salvador : une expérience peu probante

Le Salvador est le premier pays à avoir légalisé le bitcoin comme monnaie d'échange officielle. Ainsi, le 7 septembre 2021, le président du Salvador, Nayib Bukele, a fait du bitcoin la deuxième monnaie officielle du pays, après le dollar américain : non seulement les citoyens peuvent payer leurs impôts en bitcoins, mais toutes les entreprises sont également tenues d'accepter le bitcoin comme moyen d'échange. Le gouvernement salvadorien a également lancé une application appelée *Chivo Wallet*, un portefeuille de dépôt qui permet aux utilisateurs d'échanger numériquement des bitcoins et des dollars sans payer de frais de transaction. Les citoyens téléchargeant l'application reçoivent du gouvernement une prime de 30 dollars en bitcoins – l'équivalent de 3,75 salaires minimums journaliers.

À partir d'une enquête en face à face portant sur 1 800 ménages, Alvarez, Argente et Van Patten évaluent le potentiel d'utilisation du bitcoin dans les transactions quotidiennes après son introduction comme monnaie légale (Alvarez *et al.*, 2022). Les premiers résultats contrastent fortement avec l'hypothèse selon laquelle l'utilisation des crypto-monnaies pourrait aider les pauvres et les personnes non bancarisées. Le non-téléchargement de l'application *Chivo Wallet* (pour ceux qui en connaissent l'existence) s'explique principalement par deux motifs : une préférence pour l'argent liquide, suivie par la méfiance. Le principal facteur d'adoption est la prime de 30 dollars, mais seulement 1 personne interrogée sur 5 a continué d'utiliser l'application après avoir touché la prime. Seules 20 % des entreprises acceptent des bitcoins et la plupart les convertissent instantanément en dollars. En outre, 5 % des achats seulement sont réglés en bitcoins. Par ailleurs, quatre mois après l'introduction du bitcoin comme monnaie légale, moins de 2 % des transferts internationaux se font en bitcoins.

Ainsi, cette étude montre que l'utilisation des paiements numériques et du bitcoin est faible, concentrée et qu'elle diminue au fil du temps. Les préoccupations en matière de protection de la vie privée, de confidentialité et de transparence sont les principaux obstacles à l'adoption du bitcoin. En outre, elle montre que ce sont les personnes déjà riches et bancarisées qui utilisent les crypto-actifs, ce qui infirme l'idée qu'ils pourraient accroître l'inclusion des plus pauvres et des personnes non bancarisées.

4.1.2. Fonctionnement d'une transaction

Pour recevoir des bitcoins, il est nécessaire de posséder un portefeuille virtuel que l'on peut obtenir de deux manières : soit par la création d'un compte chez un prestataire de service de portefeuille bitcoin, soit grâce à l'installation d'un « client bitcoin » sur son ordinateur. Le portefeuille est alors prêt à générer des adresses qui permettent aux détenteurs d'échanger des euros ou dollars ou autres contre des bitcoins, selon le mécanisme de fonctionnement décrit dans le graphique 8 (pour plus de détails sur le fonctionnement de la chaîne de blocs, voir chapitre 2).

Graphique 8 : **Fonctionnement simplifié d'une transaction en bitcoins**

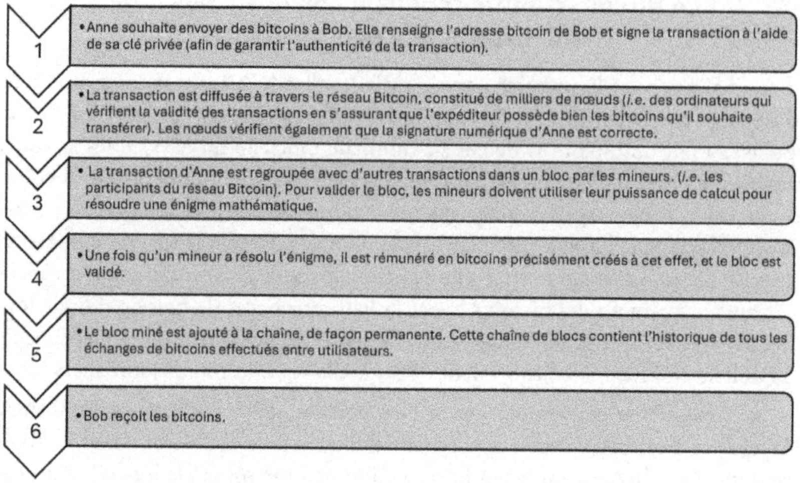

4.1.3. Le bitcoin au service de la criminalité

L'un des problèmes majeurs du bitcoin réside dans son caractère anonyme : le bitcoin fonctionne grâce à un pseudonyme chiffré et une adresse pouvant être modifiée à chaque transaction. Comme le soulignent Ulrich Bindseil et Jürgen Schaaf de la BCE[8], le « *bitcoin n'a jamais été utilisé de manière significative pour des transactions légales dans le monde réel* ». Il favorise la fraude fiscale et le contournement des règles relatives à la lutte contre le blanchiment des capitaux. Il participe au financement du terrorisme, notamment *via* la conversion d'argent sale en bitcoins et la sortie anonyme de capitaux[9]. Par ailleurs, le bitcoin favorise le développement du logiciel rançon (*ransomware*) dans la mesure où les cybercriminels ont recours au bitcoin pour leur demande de rançon, afin d'éviter le système bancaire traditionnel et le traçage des virements. Ainsi, le bitcoin reste fortement lié aux marchés noirs de l'internet clandestin, qui sont le terrain de jeu des cybercriminels : ils permettent notamment d'acheter anonymement des armes, des drogues, de la pédophilie ou encore des services de tueurs à gages, payés en bitcoins.

4.2. L'ether (ETH), actif numérique d'Ethereum

Lancée en 2015, la plateforme Ethereum concrétise la vision du jeune informaticien russo-canadien Vitalik Buterin, vision développée dans un livre blanc publié en 2013.

8. U. Bindseil et J. Schaaf (2022), « Bitcoin's last stand », *Blog de la BCE*.
9. N. Antonin (2017), « Le Bitcoin : une monnaie virtuelle au service de la cybercriminalité », *ANDESE*.

Le cœur d'Ethereum repose sur la technologie de la chaîne de blocs, tout comme le réseau Bitcoin. Cependant, Ethereum va au-delà d'une simple fonction de transfert de valeur offerte par Bitcoin. Alors que le Bitcoin se concentre sur les transactions financières, la plateforme Ethereum propose un environnement décentralisé qui offre différentes fonctions à ses utilisateurs :

- envoyer et recevoir le crypto-actif ether, deuxième crypto-actif au monde après le bitcoin en termes de capitalisation boursière et qui représente 17 % de la capitalisation mondiale des crypto-actifs (graphique 7) ;
- créer des *smart contracts* (contrats intelligents). Un contrat intelligent est un morceau de code informatique auto-exécutable qui exécute un ensemble d'instructions irréversibles, et qui est enregistré sur une blockchain ;
- créer des *dApps*, applications décentralisées construites sur la chaîne de blocs. Ces dernières vont de la création de jetons non fongibles (NFT) aux marchés financiers décentralisés.

La chaîne de blocs Ethereum s'appuie sur le langage de programmation Solidity, qui permet de coder les contrats intelligents. C'est un langage de type orienté objet, qui emprunte beaucoup aux langages Javascript ou C++. Outre son spectre plus large, le réseau Ethereum présente plusieurs différences avec le réseau Bitcoin. Tout d'abord, il est plus rapide : la validation d'un bloc sur Ethereum prend 15 secondes environ contre 10 minutes sur Bitcoin. Par ailleurs, le langage de programmation est Turing-complet, contrairement au langage de script de Bitcoin, ce qui signifie qu'il peut simuler une machine de Turing, *i.e.* résoudre n'importe quel calcul ou problème mathématique, peu importe sa complexité. Cependant, la chaîne de blocs Ethereum n'est pas à l'abri d'attaques malveillantes. En juin 2016, environ 50 millions de dollars en ethers ont été dérobés à « The DAO » (*Decentralised Autonomous Organization*), une application décentralisée de financement participatif. L'attaquant a exploité de façon récursive une faille du code de « The DAO », qui lui a permis de collecter des ethers de façon répétée.

Le 15 septembre 2022, Ethereum a décidé de modifier une partie de son fonctionnement et de passer d'un système qualifié de « preuve de travail » (*Proof of Work*) à un système de « preuve d'enjeu » (*Proof of Stake*) pour le minage de nouveaux crypto-actifs, afin de diminuer la consommation d'électricité. Le système de preuve d'enjeu a été conçu pour être une alternative à la preuve de travail qui soit à la fois plus rapide, et qui tienne compte de l'impact environnemental. Pour garantir la sécurité de la chaîne de blocs, les validateurs (l'équivalent des mineurs dans la preuve de travail) doivent engager une partie de leurs avoirs en crypto-actifs – en l'occurrence mettre dans un pot commun 32 ethers chacun –, et ils sont ensuite choisis par tirage au sort pour valider une transaction. Le principal problème de la preuve d'enjeu est que les utilisateurs les plus riches exercent davantage de contrôle.

À la première génération de crypto-actifs qualifiés de spéculatifs comme le bitcoin et l'ether, a succédé une seconde génération d'actifs, les *stablescoins*.

4.3. Les stablecoins *ou cyberjetons indexés*

Les *stablecoins* sont des jetons indexés qui ont pour objectif de pallier la forte volatilité des crypto-actifs traditionnels grâce à l'indexation de leur valeur sur celle d'une devise ou d'un panier de devises (dollar, euro, yen) ou encore sur une matière première (or, pétrole). Un jeton est un actif numérique non duplicable, échangeable sur une chaîne de blocs préexistante (notamment la blockchain Ethereum). De nombreux *stablecoins* existent. Ils utilisent différentes méthodes de maintien de leur cours et peuvent se classer en trois catégories principales :

- Les *stablecoins* centralisés hors chaîne de blocs (*off chain*), qui sont les plus répandus, sont émis par une entité dotée d'une personnalité juridique et indexés sur des monnaies *fiat* (essentiellement le dollar). Le collatéral est constitué de dépôts bancaires ou d'autres actifs similaires à des liquidités négociés dans le système financier traditionnel. La stabilité et la valeur des *stablecoins* sont basées sur l'engagement contractuel de l'émetteur de convertir le *stablecoin* en devise fiduciaire. Ainsi, si la monnaie *fiat* est le dollar, le mécanisme est le suivant : un acteur désireux d'acquérir un certain nombre de jetons du *stablecoin* remet un nombre équivalent de dollars à la société émettrice, qui en échange lui transmet la quantité désirée de jetons sur la blockchain. La société émettrice joue le rôle de caisse d'émission et permet, à tout instant, l'échange d'un jeton contre un dollar, en puisant dans ses réserves accumulées au moment de l'émission des jetons (Vernay, 2023). Les deux plus grands *stablecoins* centralisés *off chain* sont le Tether (USDT) créé en 2014 et l'USD Coin (USDC) créé en 2018, tous deux indexés sur le dollar.
- Les *stablecoins* décentralisés garantis par d'autres crypto-actifs (*on chain*) reprennent dans l'ensemble le mode de fonctionnement des *stablecoins* centralisés, mais remplacent l'émetteur central par un protocole sur blockchain, et remplacent les actifs traditionnels en garantie par un collatéral constitué de crypto-actifs. Ainsi, pour générer

un jeton, le protocole nécessite, par l'entremise de *smart contracts*, le dépôt en séquestre de crypto-actifs sur une adresse blockchain. Le marché des cryptomonnaies étant très volatil, il est souvent nécessaire d'avoir des réserves surdimensionnées pour prévenir la chute du cours d'un des actifs de réserve – ce qu'on nomme la « surcollatéralisation » –, c'est-à-dire de détenir une valeur de collatéral supérieure à la valeur des crypto-actifs émis. Le *stablecoin* ayant la plus forte valorisation dans cette catégorie est le DAI ; une organisation autonome décentralisée (DAO) nommée Maker DAO gouverne ce *stablecoin*. Le DAI est indexé sur le dollar, et collatéralisé par d'autres crypto-actifs sur la chaîne de blocs Ethereum, notamment l'USDC ou l'ether. Afin d'assurer la stabilité du DAI, le ratio de collatéralisation est compris entre 130 et 150 %.

- Les *stablecoins* décentralisés algorithmiques adoptent une approche différente car ils suppriment la garantie par des collatéraux. Ils utilisent des mécanismes algorithmiques complexes pour ajuster automatiquement l'offre de *stablecoins* en fonction de la demande, dans le but de maintenir un prix stable. Lorsque le prix du *stablecoin* est supérieur à la valeur cible, de nouveaux jetons sont mis en circulation. En revanche, lorsque le prix est inférieur à la valeur cible, les jetons sont retirés de la circulation.

En mai 2024, la capitalisation de marché des *stablecoins* atteint 160 milliards de dollars (soit 7 % de la capitalisation de marché de l'ensemble des crypto-actifs), dont 149 milliards pour les *stablecoins* centralisés hors chaîne de blocs, 10 milliards pour les *stablecoins* décentralisés adossés à des crypto-actifs et seulement un milliard pour les *stablecoins* décentralisés algorithmiques (notamment après le krach du *stablecoin* Terra en mai 2022).

Les *stablecoins* sont-ils un gage de stabilité et une réserve de valeur par rapport aux crypto-actifs classiques ? Comme l'écrivent Anthony Benhamou et Marc-Olivier Strauss-Kahn (2024), « *les stablecoins ne sont pas aussi stables qu'ils le prétendent* ». De leur côté, Kosse *et al.* (2023) montrent qu'aucun des *stablecoins* qu'ils ont évalués n'a été en mesure d'assurer une stabilité totale des prix : pour ces auteurs, les *stablecoins* ne remplissent pas les critères pour être une réserve de valeur sûre et un moyen de paiement digne de confiance dans l'économie réelle. Sans compter d'autres risques, comme le risque technologique – lié aux vulnérabilités de la chaîne de blocs et des *smart contracts* –, ou le risque de liquidité. Mais le principal risque inhérent aux *stablecoins* dépend de la réserve d'actifs que les émetteurs déclarent constituer pour maintenir la stabilité. Cette réserve d'actifs est présumée renforcer la confiance des investisseurs et répondre à leurs besoins de conversion. Or, jusqu'à très récemment, les émetteurs ne fournissaient aucune transparence et aucune fiabilité de l'information sur la gestion des actifs détenus à titre de réserve. Ils n'étaient donc pas à l'abri d'un retrait brutal des dépôts en *stablecoins*. En juin 2023, la Banque d'Italie déclarait : « *une règlementation solide et basée sur le risque des stablecoins, garantissant la prévention des ruées sur leurs émetteurs, est une condition nécessaire pour réduire la fragilité de l'écosystème DeFi, étant donnée le rôle prépondérant de cette classe d'actifs dans la finance décentralisée* ». Dans ce but, l'article 35 du règlement MiCA (règlement sur le marché de crypto-actifs) impose aux émetteurs de communiquer les droits attachés auxdits jetons et octroie des droits minimaux aux détenteurs de ces jetons.

Enfin, contrairement aux *stablecoins* adossés à des actifs, les *stablecoins* algorithmiques ne détiennent généralement pas de réserves pour soutenir leur valeur, ce qui les rend encore plus vulnérables aux chocs et à la spéculation. L'échec du projet Terra est d'ailleurs une preuve supplémentaire de cette fragilité des *stablecoins* algorithmiques, qui était déjà apparue après le premier *bank run* cryptographique à grande échelle subi par Iron Finance en juin 2021 (Briola *et al.*, 2023).

*

* *

C'est l'économiste et l'universitaire Clayton Christensen qui a introduit le concept « d'innovation de rupture », qui se caractérise par un changement radical des usages et des habitudes. Pour certains, les crypto-actifs constituent une innovation de rupture, porteuse de promesses dans le domaine des paiements ; d'autres au contraire estiment que les crypto-actifs sont vecteurs de risques – fraude, instabilité de notre système de paiement, menace pour la souveraineté monétaire des États et pour l'environnement. Nous nous inscrivons résolument dans ce second camp.

Ainsi, la débâcle et la faillite de FTX, l'une des plateformes d'échange les plus importantes, ont révélé de façon spectaculaire l'instabilité de l'écosystème des crypto-actifs. Aujourd'hui, les infrastructures et les activités des crypto-actifs génèrent des risques comparables à ceux de la finance traditionnelle, qui sont inhérents à la fourniture de services financiers, en particulier les risques de crédit, de liquidité et de marché. Toutefois, ces infrastructures et activités s'étant étendues hors du périmètre réglementaire, elles ne bénéficient pas des mêmes garde-fous qui visent à fixer une limite à ces risques et à veiller à ce qu'ils soient correctement identifiés, suivis et gérés. Ainsi, on ne peut occulter le fait que les crypto-actifs engendrent des problèmes multiples : de liquidité, de solvabilité, de transparence, de volatilité, de fraudes ou de manipulation de marché. À titre d'illustration, 73 à 81 % des investisseurs particuliers ont perdu de l'argent sur leurs investissements dans le bitcoin entre 2015 et 2022 (Auer *et al.*, 2023).

Dans ce chapitre, nous avons montré que les crypto-actifs n'ont pas tous les attributs d'une monnaie, notamment celui de réserve de valeur, pierre angulaire de la confiance et de l'adoption par une masse critique d'utilisateurs. Par ailleurs, nous avons mis en exergue deux caractéristiques problématiques inhérentes aux crypto-actifs, à savoir leur anonymat et l'ampleur de leur consommation énergétique. Nous nous sommes penchées également sur l'adoption des crypto-actifs dans les pays en développement : les crypto-actifs ont pu apparaître aux yeux de certains comme une solution aux problèmes monétaires et d'inclusivité financière rencontrés par les pays en développement. Nous avons montré que cette hypothèse n'était pas vérifiée dans la pratique, notamment à travers l'exemple de l'adoption du bitcoin comme monnaie légale au Salvador. Enfin, une analyse plus détaillée des différents types de crypto-actifs a montré que même les *stablecoins*, censés résoudre la question de la volatilité des crypto-actifs, étaient également porteurs de risques.

Chapitre 2

Les enjeux de la chaîne de blocs (blockchain)

Depuis quelques années, la technologie de la chaîne de blocs connaît un essor spectaculaire. Non seulement elle constitue la technologie sous-jacente des crypto-actifs, mais elle révolutionne également de nombreux domaines, de la chaîne alimentaire au marché de l'art en passant par le cinéma. Par ailleurs, la chaîne de blocs constitue notamment, depuis de nombreuses années, un catalyseur d'innovations financières. Elle est à l'origine d'activités et de produits souvent inédits proposés aux différents acteurs économiques.

Cela étant, sans régulation, l'innovation est un peu le Far-West de la technologie. Par conséquent, comme avec toute innovation de rupture, une dose de régulation est nécessaire pour exploiter toutes les potentialités de la chaîne de blocs tout en limitant les risques (cybersécurité, blanchiment des capitaux, risque écologique, gouvernance...).

Après nous être penchées sur le fonctionnement, les fonctions et les usages de la chaîne de blocs, nous nous interrogeons sur les risques qui lui sont liés. Face à la nécessaire régulation de la chaîne de blocs, nous détaillerons ensuite l'état d'avancement du cadre juridique entourant la chaîne de blocs. Enfin, nous aborderons la notion de « contrats intelligents » (*smart contracts*), dont l'émergence a été permise par la chaîne de blocs, et qui trouve une application privilégiée dans le domaine bancaire et financier.

1. Le concept de chaîne de blocs et les projets pilotes

La chaîne de blocs, apparue en 2009 avec la mise en service du bitcoin, constitue pour certains un nouvel eldorado numérique. Elle repose sur la technologie de registre distribué (*Distributed Ledger Technology* – DLT), fondée sur des consensus. Qu'est-ce qu'une technologie de registre distribué ? C'est une « *base de données de transactions, transparente, sécurisée et décentralisée (sans organe de contrôle central), distribuée sur tout ou partie des nœuds d'un réseau, qui enregistre et stocke dans des registres (ou blocs) virtuels et de façon immuable chaque transaction qui se produit dans le réseau* » (Dumas *et al.*, 2022). Un moyen simple de visualiser cette technologie est d'imaginer un gigantesque réseau de comptables : tous les comptables contrôlent et vérifient les transactions dans un registre public. Les transactions sont ensuite enregistrées de façon identique dans différentes banques de données décentralisées.

Les expressions « chaîne de blocs » et « registre distribué » sont souvent utilisées de manière interchangeable. Pourtant, une chaîne de blocs n'est qu'une forme possible de registre distribué, dans laquelle les informations sont ajoutées sous forme de blocs linéaires : un bloc est relié au bloc précédent, et ainsi de suite. Soulignons qu'il existe d'autres formes de registres distribués qui reposent sur une structure de « graphe acyclique dirigé » (DAG) [1].

Concernant les systèmes distribués et la chaîne de blocs en particulier, le principe de consensus est central. Il permet de garantir la confiance, la sécurité et la stabilité du système, malgré la présence de nœuds mal intentionnés. Il s'appuie sur des algorithmes de consensus dont le plus célèbre est dénommé *Practical Byzantine Fault Tolerance* (PBFT) ou « Protocole de tolérance aux fautes byzantines », mis au point par Miguel Castro et Barbara Riskov, en référence à la métaphore des généraux byzantins (Lamport *et al.*, 1982). La métaphore des généraux byzantins peut être résumée ainsi : plusieurs unités de l'armée byzantine, chacune contrôlée par son propre général, se trouvent à différents endroits aux portes d'une ville ennemie. Ne communiquant que par messager, les généraux doivent se mettre d'accord sur un plan de bataille commun. Or, ils ne peuvent exclure que l'un des messagers soit un traître et communique de faux messages. Ils doivent donc s'accorder sur un protocole de communication afin de surmonter ce problème et de réussir leur attaque. Cette métaphore illustre la difficulté de se mettre d'accord sur une décision commune entre plusieurs acteurs distants et communicants, sur la base d'informations contradictoires provenant de messages erronés voire malveillants (Dumas *et al.*, 2022). Par conséquent, la « tolérance aux fautes byzantines » caractérise un système capable de continuer à fonctionner même si certains nœuds (les « messagers ») échouent ou agissent de façon malveillante.

1. Contrairement aux modèles traditionnels de chaîne de blocs, dans lesquels les informations sont ajoutées selon des blocs linéaires, les DAG sont une structure de données qui consiste en un ensemble de nœuds reliés par des arêtes. Ainsi, au lieu d'ajouter des blocs en fin de chaîne, les transactions sont ajoutées au DAG en créant de nouveaux nœuds et en établissant des liens avec d'autres nœuds existants. Cette méthode de validation en parallèle permet un traitement plus rapide des transactions. Hashgraph et Tangle sont deux exemples de technologies de registre distribué reposant sur une structure de DAG.

Il existe plusieurs solutions au problème des généraux byzantins et, par conséquent, de multiples façons de construire un « Protocole de tolérance aux fautes byzantines ». Dans le cas de la chaîne de blocs, les principaux mécanismes de consensus sont la preuve de travail (*proof of work, PoW*) et la preuve d'enjeu (*proof of stake, PoS*). La preuve de travail est un élément clé du protocole Bitcoin. La méthode de la preuve de travail consiste à mettre en compétition des milliers de valideurs (les mineurs) qui résolvent des problèmes mathématiques complexes pour valider les transactions et ajouter des blocs à la chaîne. Le mineur qui résout le problème en premier est récompensé. Toutefois, ce mécanisme de consensus est particulièrement énergivore, et de plus en plus critiqué. À l'inverse, la preuve d'enjeu (ou preuve de participation) est plus économe en énergie. Elle consiste à tirer au sort des valideurs volontaires et à leur confier le travail de validation. Ce protocole permet ainsi d'éviter que plusieurs valideurs travaillent sur la même transaction.

1.1. La chaîne de blocs : concept, fonctionnement et objectifs

1.1.1. Le concept de chaîne de blocs

La chaîne de blocs est une technologie de stockage et de transmission d'informations, transparente, sécurisée, et fonctionnant sans organe central de contrôle. Elle constitue une base de données mondiale contenant l'historique de tous les échanges effectués depuis sa création. Contrairement à une base de données classique stockée sur un unique serveur, une chaîne de blocs est partagée simultanément avec l'ensemble de ses utilisateurs connectés en réseau. Le terme chaîne de blocs provient du fait que les données relatives aux transactions sont stockées dans des « blocs » codés et horodatés, reliés pour former une « chaîne ». La « chaîne de blocs » grandit ainsi au fur et à mesure de l'augmentation du nombre de transactions validées ; chaque nouveau bloc vient s'ajouter à la chaîne et devient visible pour l'ensemble du réseau. La technologie est infalsifiable car pour modifier une information, donc un bloc, il faudrait le changer en même temps chez chaque utilisateur. Cette base de données est sécurisée et distribuée : elle est partagée par ses différents utilisateurs, sans intermédiaire, ce qui permet à chacun de vérifier la validité de la chaîne. Pour le mathématicien Jean-Paul Delahaye, il faut s'imaginer la chaîne de blocs comme « *un très grand cahier, que tout le monde peut lire librement et gratuitement, sur lequel tout le monde peut écrire, mais qui est impossible à effacer et indestructible* ».

Il existe plusieurs types de chaîne de blocs : d'une part la chaîne de blocs privée, également appelée la chaîne « permissionnée » réservée à un nombre limité de participants qui ont obtenu une autorisation. Une unité centrale en contrôle les accès ; d'autre part la chaîne de blocs publique, ouverte à tous depuis l'internet, dans laquelle tous les nœuds de stockage sont accessibles et où il n'y a pas de barrière d'entrée. Des exemples de ce type de chaîne de blocs publique sont Bitcoin ou Ethereum.

1.1.2. Le fonctionnement d'une chaîne de blocs

Le principe général de fonctionnement de la chaîne de blocs est le suivant. Lors d'une transaction entre deux parties, l'émetteur renseigne les adresses et signe la transaction grâce à sa clé privée (encadré 1). L'information relative à la transaction est ensuite envoyée à un réseau décentralisé composé de « nœuds » – autrement dit des ordinateurs situés aux quatre coins du monde. La transaction est regroupée avec d'autres transactions au sein d'un bloc, en attente de validation. Les mineurs (les « nœuds ») valident le bloc grâce à des techniques cryptographiques. Une fois le bloc validé, il est ajouté à la chaîne de blocs accessible à tous les utilisateurs et une copie est transmise à tous les nœuds du réseau. Dès lors, chaque nœud héberge une copie de la base de données dans laquelle est inscrit l'historique complet des transactions réalisées depuis la création de la chaîne de blocs. Rien ne peut être modifié ni effacé. En prenant l'exemple détaillé d'une transaction entre deux individus, Anne et Bob, une transaction sur la chaîne de blocs se déroule en six étapes :

Étape 1 : Transaction d'Anne vers Bob

Anne veut effectuer une transaction vers Bob. Elle construit une transaction en renseignant les adresses (la sienne et celle de Bob), et « signe » la transaction à partir de sa clé privée (encadré 1).

Étape 2 : Transmission aux nœuds du réseau

La transaction d'Anne vers Bob est transmise à l'ensemble des nœuds du réseau pour validation (vérification de la signature et contrôle de la transaction).

Étape 3 : Construction d'un bloc et de l'en-tête

Lorsqu'un mineur (un « nœud ») reçoit la transaction d'Anne vers Bob, il la place dans « l'ensemble des transactions non confirmées », sorte de liste d'attente pour les transactions. Chaque mineur fabrique son propre bloc en sélectionnant les transactions en attente et en vérifiant leur validité. Comment vérifie-t-il la validité des transactions ? À partir de la signature et de la clef publique de l'émetteur, il applique un algorithme cryptographique qui lui permet de vérifier l'authenticité de la transaction. Ensuite, le mineur ajoute à ces transactions une transaction de récompense, qui lui permettra d'être payé s'il arrive à valider son bloc.

Il ajoute à ce bloc un en-tête. Ce dernier contient plusieurs informations, notamment l'identifiant du bloc précédent, l'horodatage, une empreinte correspondant à toutes les transactions incluses dans le bloc, une condition mathématique prédéfinie pour valider le bloc...

Étape 4 : Minage du bloc

Une fois son bloc construit, il faut le valider : le mineur doit effectuer une « preuve de travail » – un processus de calcul mathématique dépendant des données du bloc. Autrement dit, le mineur utilise sa puissance de calcul pour attribuer une *empreinte* immuable à ce bloc, par le biais de fonctions cryptographiques dites de « hachage » (*hash* en anglais) [2]. La difficulté vient du fait que, pour être valide, l'*empreinte* doit satisfaire une condition mathématique prédéfinie (par exemple être inférieure à une valeur cible). Le seul moyen de résoudre cette énigme est de tester toutes les possibilités de « hachage » jusqu'à trouver la bonne solution. Lorsqu'un mineur parvient à trouver un hachage de sortie valide pour un bloc, on dit qu'il a miné le bloc.

Étape 5 : Validation du bloc par le réseau

Le mineur (ou nœud) qui résout en premier le puzzle cryptographique ajoute son bloc à la chaîne et le transmet au réseau pour validation de la preuve de travail par la majorité des utilisateurs du réseau. Dès lors que la majorité est atteinte (on parle d'un consensus à 50,1 % du réseau), le nouveau bloc est définitivement validé et ajouté. La transaction d'Anne vers Bob est ainsi validée. Si un nœud essaie d'introduire dans le réseau un bloc invalide (avec un identifiant incorrect), celui-ci n'est pas validé par la plupart des nœuds et n'est donc pas ajouté à leur registre ni transmis aux pairs.

Étape 6 : Inscription définitive dans la chaîne de blocs

Il est possible qu'un nœud du réseau reçoive des blocs – ou des successions de blocs – valides concurrents (qui ont été minés en même temps). Dans ce cas, les nœuds ajoutent l'un ou l'autre de ces blocs valides à leur chaîne de blocs et le réseau comprend des registres à des états différents. Deux chaînes parallèles se développent alors, des mineurs produisant de nouveaux blocs à partir de blocs ayant des empreintes différentes. Pour éviter un dédoublement pérenne de la chaîne de blocs, le protocole prévoit qu'après l'ajout de quelques blocs, seule la chaîne la plus longue subsiste, c'est-à-dire en pratique celle que la majorité des nœuds aura adoptée.

2. Une fonction de hachage cryptographique est une fonction qui prend une chaîne de caractères en entrée (par exemple du texte) et produit une chaîne de caractères de longueur fixe en sortie (appelée « empreinte de hachage »), souvent un nombre hexadécimal à 64 caractères. Il représente en quelque sorte une empreinte digitale servant à identifier rapidement la donnée initiale.

Supposons qu'un mineur corrompu ait modifié un bloc de transactions et essaie maintenant de miner tous les blocs suivants afin que le reste du réseau accepte sa modification. Le problème pour lui est que, parallèlement, le reste du réseau calcule également de nouvelles empreintes pour de nouveaux blocs. À moins que le mineur ait plus de puissance de calcul que le reste du réseau (on parle d'attaque des 51 %), il ne rattrapera pas le reste du réseau à la recherche de nouvelles empreintes.

Encadré 1

Clé publique et clé privée

Lors d'une transaction sur la chaîne de blocs, l'identification de chaque partie (émetteur, destinataire de la transaction) s'effectue par un procédé cryptographique. Lorsqu'un émetteur crée une nouvelle adresse, il génère en réalité une paire de clés cryptographiques :

- une clé privée (connue de l'utilisateur seul) lui permettant de générer une signature ;
- une clé publique (connue de tous), attachée à la clé privée qui permet de vérifier l'authenticité et l'intégrité des transactions.

L'émetteur renseigne les adresses (son adresse et celle du destinataire) et signe la transaction à partir de sa clé privée. L'information relative à la transaction est ensuite envoyée à un réseau décentralisé pour validation. Les autres acteurs du réseau vérifient cette signature à l'aide de sa clé publique. Si la clé publique correspond à la signature, la transaction est validée et ajoutée à la chaîne de blocs. Sinon elle est refusée par le réseau.

L'intérêt de ce mécanisme cryptographique est qu'il est impossible de deviner la clé privée à partir de la clé publique. La clé privée reste ainsi secrète, mais cela n'empêche pas le réseau de vérifier la validité d'une transaction.

1.1.3. Les fonctions de la chaîne de blocs

La chaîne de blocs a essentiellement deux fonctions :

- L'enregistrement et le stockage des valeurs et des transactions comme le ferait un notaire. Toute information qui entre dans la chaîne de blocs est incluse dans un bloc relié cryptographiquement aux blocs précédents. Les blocs ne pouvant être modifiés, la chaîne de blocs constitue un registre immuable contenant l'historique de tous les échanges effectués sur la chaîne de blocs depuis sa création.
- L'émission et le transfert d'actifs numériques, tels que des bitcoins, ou d'actifs existants (bien immobilier, monnaie, etc.) transformés par un procédé appelé « tokenisation ». Cette opération, qui signifie littéralement « transformation en jetons », désigne le processus de conversion d'actifs financiers ou immobiliers en jetons (*tokens*),

c'est-à-dire en unités de valeur numériques échangeables sur une chaîne de blocs. C'est une manière de convertir un bien en actif numérique et de pouvoir l'échanger en bénéficiant des mécanismes de la chaîne de blocs.

1.2. Les projets pilotes basés sur la chaîne de blocs

1.2.1. Les initiatives dans le secteur bancaire et financier

Le secteur bancaire et financier s'est lancé tôt dans la technologie des registres distribués, *via* des expérimentations en solo ou au sein de consortiums. En 2016, la quasi-totalité des institutions financières majeures ont expérimenté la technologie de la chaîne de blocs. Pour ces organismes financiers, elle offre potentiellement de nombreuses opportunités : suppression de certains intermédiaires financiers (chambres de compensation ou courtiers), réduction des coûts et de la complexité, renforcement du niveau de sécurité, diminution du nombre d'erreurs, aide pour la comptabilité et l'audit, résilience. Par ailleurs, elle offre une plus grande transparence des transactions financières à l'heure des scandales de blanchiment et d'évasion fiscale.

La Banque de France a été l'une des premières banques centrales à lancer sa propre chaîne de blocs. Épaulée par la jeune pousse (*start-up*) Chaîne de blocs Partner et en collaboration avec sept établissements de crédit – représentant 95 % des demandes d'identifiants SEPA[3] –, la Banque de France a lancé en juillet 2016 une expérimentation sur la chaîne de blocs pour gérer les identifiants créanciers SEPA. Ce projet, baptisé « MADRE », a utilisé le protocole de la chaîne de blocs publique Ethereum (avec preuve de travail) dans un espace privatif, afin de bénéficier des possibilités ouvertes par les contrats intelligents (voir partie 4).

Autre exemple, en juin 2017, un consortium de banques (Deutsche Bank, HSBC, KBC, Natixis, Rabobank, Société Générale et Unicredit), avec l'aide d'IBM, a lancé le projet *Digital Trade Chain* (devenu *we.Trade*) basé sur la chaîne de blocs pour faciliter le financement du commerce international des PME. L'idée du dispositif est de permettre un suivi instantané des transactions et des paiements, destiné aux PME et à toutes leurs parties prenantes (financeurs, transporteurs, etc.).

Citons enfin le projet Agorá (du grec ancien signifiant place de marché). Le 3 avril 2024, la Banque des règlements internationaux (BRI) et sept

3. Un identifiant créancier SEPA est un identifiant unique attribué par la Banque de France et constitué de 13 caractères que doit posséder toute personne qui souhaite mettre en place un prélèvement dans l'espace unique de paiement en euros (SEPA).

banques centrales[4] ont annoncé leur volonté de coopérer avec le secteur bancaire privé afin d'explorer l'apport de la *tokenisation* dans l'amélioration du fonctionnement du système monétaire. Ce projet de partenariat public-privé vise à surmonter plusieurs inefficacités structurelles dans la manière dont les paiements sont effectués aujourd'hui, notamment pour les paiements transfrontières. Il est d'autant plus ambitieux qu'il devra gérer les différences réglementaires, de normes techniques, d'heures d'ouverture ainsi que de fuseaux horaires. Par ailleurs, le système financier nécessite des opérations de contrôle de plus en plus complexes afin de garantir son intégrité, comme la lutte contre le blanchiment de capitaux et le financement du terrorisme.

1.2.2. Quelques exemples d'exploration de la chaîne de blocs hors du champ banque/finance

Cependant, les usages de la chaîne de blocs ne se limitent pas à l'univers de la finance. Après la finance et l'assurance, c'est le secteur de l'énergie qui paraît le plus avancé. Vingt-trois groupes énergétiques européens se sont lancés dans cette nouvelle technologie, parmi lesquels on trouve notamment Enedis, Engie, Total ou RWE. Dans le quartier de Brooklyn à New York, la coopérative TransActive Grid a développé en 2016 un système d'échange d'énergie renouvelable entre les habitants d'une rue. Les résidents équipés de panneaux solaires revendent leur surplus de production aux autres, l'énergie étant tracée par des compteurs intelligents qui inscrivent les échanges sur la chaîne de blocs. Une autre initiative dans le domaine de l'énergie concerne la France qui, avec une plateforme de financement participatif appelée Lumo, travaille sur un projet visant à récompenser les producteurs d'énergie solaire en « solarcoins ».

Un autre exemple concerne le domaine des transports : en 2017, la Fédération nationale des transports routiers (FNTR) a officiellement lancé les travaux pour une *Chaîne de blocs Transport Globale*, afin de gérer et d'automatiser l'ensemble des processus liés aux opérations de transport, mais aussi de gérer les obligations des entreprises. Dans le secteur alimentaire, Nestlé, Unilever, Walmart et sept autres groupes agroalimentaires travaillent sur la traçabilité des denrées périssables *via* la technologie de la chaîne de blocs.

De façon générale, les chaînes de blocs offrent la promesse de remplacer la plupart des « tiers de confiance » centralisés (métiers de banque, notaires, cadastre…) par des systèmes informatiques distribués.

4. La Banque de France (représentant l'Eurosystème), la Banque du Japon, la Banque de Corée, la Banque du Mexique, la Banque nationale suisse, la Banque d'Angleterre et la Réserve fédérale de New York.

1.3. Chaîne de blocs et intelligence artificielle : une combinaison novatrice aux nombreux défis

Une combinaison de la chaîne de blocs et de l'intelligence artificielle est de plus en plus préconisée. Pour leurs partisans, les deux technologies respectives étant complémentaires et convergentes, il faut les associer afin de renforcer entre autres la sécurité des données. En effet, tandis que l'IA peut traiter des mégadonnées (*big data*), apprendre de ces données, prendre des décisions et résoudre des problèmes, la chaîne de blocs apporte la transparence, la sécurité, la décentralisation et la confidentialité. Mais une synergie de ces deux technologies risque de poser des questions d'ordre éthique et juridique.

1.3.1. Les opportunités offertes par la fusion de l'IA et de la chaîne de blocs

Tout d'abord, une fusion entre IA et chaîne de blocs permettrait d'améliorer la sécurité des données et de garantir leur authenticité. L'accélération technologique s'accompagne d'une très forte hausse de la cybercriminalité. Celle-ci représente un coût mondial de plus de 6 000 milliards de dollars en 2021 (soit 5 700 milliards d'euros) et constitue une réelle menace pour l'économie. De surcroît, l'explosion des données (phénomène du *Big data*), pose de nombreux défis à la société contemporaine, notamment celui de la sécurisation des données. Les algorithmes d'intelligence artificielle utilisent d'énormes volumes de données dont la plupart sont stockées de manière centralisée, sur des serveurs ou sur le nuage (*cloud*). Ces données permettent aux algorithmes d'apprendre et de se développer, afin d'effectuer une diversité d'analyses et de prendre des décisions. Cependant, le stockage d'une grande quantité de données d'une façon centralisée peut conduire à des vulnérabilités comme l'augmentation des risques de falsification ou de piratage. En outre, l'authenticité et la provenance des données n'étant pas toujours garanties, cela peut mener à des prises de décisions erronées, indésirables, voire dangereuses. La sécurité de la chaîne de blocs, grâce à ses principes solides de cryptographie et à sa nature décentralisée, permettrait de défaire ces vulnérabilités. En définitive, l'utilisation de la chaîne de blocs pour les modèles d'intelligence artificielle conduirait au développement d'une IA décentralisée.

Un autre avantage de la fusion entre IA et chaîne de blocs serait d'accroître la confiance et la transparence. En effet, le manque de transparence de l'IA pointé du doigt par une équipe de chercheurs de l'Université de Stanford entraînerait des problèmes de confiance et d'éthique (Bommasani *et al.*, 2024). En associant la chaîne de blocs et l'IA, un nouveau niveau de confiance et de responsabilité pourrait être établi, améliorant ainsi la fiabilité des systèmes.

Enfin, une fusion entre IA et chaîne de blocs permettrait une prise de décision intelligente et une automatisation des processus. Pour certains, une IA décentralisée va améliorer la prise de décision à partir de données sécurisées et fiables qui ont été stockées et traitées sur le réseau de la chaîne de blocs, sans recours à des tiers externes.

Au total, pour les adeptes inconditionnels de ces nouvelles technologies, la synergie entre la chaîne de blocs et l'IA recèle un énorme potentiel pour inaugurer une nouvelle ère d'innovation numérique. Bien que l'IA et la chaîne de blocs aient des objectifs et des fonctionnements différents, leur potentiel combiné peut faire progresser de nombreux secteurs : santé, banque et finance, gestion de la chaîne d'approvisionnement et de la logistique, cybersécurité, échange de données informatisé…

1.3.2. Quelques applications

Depuis quelque temps, les projets basés sur la combinaison de la chaîne de blocs et l'IA se multiplient, et le domaine de la santé est un premier champ d'application. Certains praticiens croient au potentiel de l'association IA/chaîne de blocs pour révolutionner le système de santé et proposent des solutions, comme l'analyse par l'intelligence artificielle de dossiers médicaux et d'imagerie médicale sécurisés sur la chaîne de blocs afin d'établir des diagnostics précis et de formuler des recommandations de traitement personnalisé. Dans un article intitulé « L'intelligence et la chaîne de blocs au service de la sécurisation logistique des produits dans le secteur pharmaceutique » (2021), Béatrice Espesson-Vergeat analyse les effets positifs de la fusion de l'intelligence artificielle et de la chaîne de blocs dans l'encadrement juridique de la production des médicaments. Pour l'auteure, l'intérêt de cette fusion réside dans la nécessité de protéger l'entreprise et le consommateur contre la perte des données recueillies tout au long du circuit du produit, mais aussi d'assurer la protection des patients et utilisateurs contre le fléau de la falsification des produits et la criminalité visant à introduire sur le marché des produits contrefaits.

Dans les services bancaires et financiers, la technologie de la chaîne de blocs a déjà émergé pour la sécurité et la transparence. Avec l'intégration de l'IA, ce secteur pourrait connaître des améliorations dans la détection des fraudes, la conformité règlementaire et la gestion des risques. Cela devrait transformer les services bancaires et financiers (paiements, prêts, conseil…) en instaurant la confiance et une meilleure sécurité, tout en réduisant les coûts, en accélérant les transactions et en améliorant l'expérience client.

Dans la gestion de la chaîne d'approvisionnement et de la logistique, secteur qui souffre de systèmes inefficaces, d'un manque de transparence et d'erreurs humaines, la combinaison de la chaîne de blocs et l'IA devrait aider les entreprises à tracer et à vérifier l'authenticité des produits. Les consommateurs disposeraient ainsi d'une visibilité complète sur l'origine et le parcours des produits.

1.3.3. Les défis et les limites du «mariage» de l'IA et de la chaîne de blocs

La convergence de la chaîne de blocs et de l'IA promet la sécurité, la transparence, l'optimisation. Toutefois, cette alliance soulève des défis techniques, éthiques et juridiques. Un premier défi réside dans la complexité technique et les problèmes d'interopérabilité. Un deuxième défi provient de la différence entre une chaîne de blocs transparente et décentralisée et une IA opaque et centralisée; cela suscite des inquiétudes concernant la confidentialité et le partage des données. Un troisième défi a trait à la responsabilité en cas d'erreurs, de manquements et de défaillances. Se posent les questions de la nature de la responsabilité, de l'identification de la personne responsable… Un quatrième défi concerne les questions d'éthique et de respect des droits fondamentaux des individus, tels que le droit à la vie privée et à la non-discrimination.

Nous conclurons notre examen du mariage entre chaîne de blocs et IA en nous référant à André Cronje, ancien fondateur du projet DeFi Yearn Finance, qui déclare que «*la combinaison de la chaîne de blocs et de l'IA revient à essayer de mélanger l'huile et l'eau*». Il affirme que ces deux technologies sont très différentes en termes de principes sous-jacents, qu'elles ne sont pas aussi complémentaires et qu'elles sont donc difficiles à combiner.

2. Les risques liés à la chaîne de blocs

La garantie de confiance est un élément essentiel de la technologie de la chaîne de blocs. En effet, son caractère décentralisé et distribué permet une disponibilité forte du système, la traçabilité est assurée par la conservation de toutes les transactions dans le registre et l'intégrité est garantie par le système de cryptographie qui combine clé publique et clé privée.

Cependant, l'adoption à grande échelle de la technologie de la chaîne de blocs se heurte à des problèmes de sécurité, de règlementation, de gouvernance, de régulation, de confidentialité et d'anonymat des échanges, de mode de preuve, de questionnement sur la valeur juridique des contrats intelligents, qui sont des logiciels et non des contrats. Si nous voulons rendre réellement agissantes les potentialités de la chaîne de blocs, il faut surmonter l'ensemble de ces défis.

2.1. Les défis techniques

Le problème de « scalabilité » (ou de « montée en charge »), autrement dit la capacité du système à fonctionner correctement avec des charges de travail plus importantes, constitue l'un des principaux défis pour les chaînes de blocs. Conçues pour gérer un nombre limité de transactions par seconde, vont-elles supporter le changement d'échelle en période de forte demande ?

La chaîne de blocs achoppe sur le fait de traiter un plus grand nombre de transactions à la seconde sans perte d'efficacité. Ethereum ne peut exécuter aujourd'hui qu'entre 10 et 15 transactions par seconde (7 pour le Bitcoin) alors qu'un réseau comme Visa traite jusqu'à 24 000 transactions par seconde. Le problème de la capacité de la technologie de la chaîne de blocs à traiter de gros volumes n'a toujours pas fait l'objet de réponse probante. La congestion du réseau qui en résulte peut entraîner des problèmes de latence et de bande passante. L'arbitrage entre la capacité à passer à l'échelle, la sécurité et la décentralisation est désigné sous le vocable de « trilemme de la chaîne de blocs », et constitue l'un des plus grands défis auxquels cette technologie est confrontée. Chaque aspect est crucial pour le bon fonctionnement de la chaîne de blocs mais ils sont souvent en conflit les uns avec les autres.

Face au problème de congestion du réseau, des solutions ont émergé. Parmi ces solutions, on trouve les protocoles de « Layer 1 » et « Layer 2 ». La solution Layer 1, qui fait référence à la chaîne de blocs de base telle que Bitcoin ou Ethereum, améliore la couche principale du réseau afin de lui apporter davantage d'évolutivité. Parmi les solutions Layer 1, on trouve par exemple l'augmentation de la taille des blocs ou le partitionnement des données de la chaîne de blocs entre plusieurs nœuds (*sharding*)[5]. Mais l'inconvénient du protocole Layer 1 est de rendre les chaînes de blocs plus corruptibles, notamment à une attaque des 51 % [6]. Le passage à l'échelle *via* la solution de Layer 1 se réalise donc au détriment de la sécurité. Un second axe pour favoriser le passage à l'échelle consiste à utiliser des « surcouches » ou Layer 2, situées en dehors de la *chaîne de blocs* principale (réseau *off-chain*). Toutefois, cette solution de Layer 2 peut accentuer le manque d'interopérabilité des chaînes de blocs et poser des problèmes de sécurité.

Par ailleurs, le choix du protocole de consensus est un élément déterminant de la gouvernance et de la sécurité des chaînes de blocs.

5. En divisant la base de données en partitions ou parties, les différents nœuds ne doivent traiter qu'une partie de la base de données et sont donc beaucoup plus rapides.

6. L'attaque des 51 %, également sous le nom d'attaque Goldfinger, est une situation dans laquelle un mineur (ou un groupe de mineurs) prend le contrôle de plus de la moitié de la puissance de calcul d'un réseau et effectue des doubles dépenses, c'est-à-dire que le même crypto-actif peut être dépensé plus d'une fois.

2.2. Les défis monétaires, financiers et économiques

Les avantages monétaires, financiers et économiques de la chaîne de blocs sont souvent mis en avant eu égard au vif engouement médiatique et entrepreneurial pour cette nouvelle technologie. Toutefois, la grande volatilité des cours des crypto-actifs et les risques de bulle spéculative empêchent de bâtir des modèles économiques pérennes (voir chapitre 4).

2.3. Les défis sécuritaires : les risques d'attaques cybernétiques et de fraudes sur les chaînes de blocs

L'enjeu de la chaîne de blocs est de se prémunir contre le piratage mais également de concilier l'anonymat et les objectifs de traçabilité afin de lutter contre les activités illicites (drogues, armes, blanchiment, financement du terrorisme). Si la chaîne de blocs est un registre numérique inviolable, ses réseaux ne sont pas à l'abri des attaques cybernétiques et des fraudes. Les pirates et les fraudeurs menacent les chaînes de blocs de plusieurs façons, notamment *via* l'attaque par hameçonnage, l'attaque Sybil et l'attaque des 51 %.

L'attaque par hameçonnage est une attaque classique sur Internet. Elle consiste pour le pirate à envoyer massivement un faux courriel, apparemment authentique mais usurpant l'identité d'une institution financière ou d'un site connu. Les destinataires sont sommés, sous différents prétextes, de mettre à jour leurs coordonnées bancaires ou personnelles en cliquant sur un lien menant vers un faux serveur internet, où le pirate récupère ces informations afin de les utiliser pour détourner des fonds à son avantage. Même si elle n'est pas propre à la chaîne de blocs, cette attaque trouve un terrain de prédilection dans l'écosystème des crypto-actifs pour mettre la main sur les actifs des utilisateurs. Depuis le début de l'année 2024, une vague d'attaques par hameçonnage est venue bousculer la finance décentralisée. La plus répandue est celle qualifiée de « AirDrop ». Cette attaque consiste à offrir gratuitement des jetons à la cible, dans le cadre du lancement d'un projet ou d'une nouvelle fonctionnalité. Pour les recevoir, la cible doit connecter son portefeuille numérique sur la chaîne de blocs. Ceux qui acceptent l'offre permettent aux pirates de passer à l'action et de drainer tous les fonds détenus sur les portefeuilles des investisseurs. Ainsi, le 26 février 2024 le compte officiel X (anciennement Twitter) de la société MicroStrategy, le plus grand détenteur de bitcoins coté en bourse au monde, a été utilisé pour publier des liens trompeurs faisant la promotion d'un faux AirDrop du nouveau jeton Ethereum, le $MSTR, prétendument adossé aux réserves conséquentes de bitcoins de la société. Ce piratage de MicroStrategy a coûté aux utilisateurs 440 000 dollars.

Le concept d' « attaque Sybil » a été énoncé pour la première fois par John R. Douceur (2002) dans le cadre de réseaux de pair à pair ouverts. Il s'agit d'un des types d'attaques les plus dangereux. La qualification de ce type d'attaque est une référence à un roman biographique paru en 1973 aux États-Unis, qui raconte l'histoire de la psychothérapie de Shirley Ardell Mason également connue sous l'alias « Sybil Isabel Dorsett », artiste publicitaire atteinte d'un trouble dissociatif de l'identité. L'attaque Sybil consiste pour un attaquant à contrôler plusieurs nœuds du réseau de manière à se présenter avec un grand nombre d'identités ; son objectif est d'obtenir la majorité de l'influence sur le réseau pour mener des actions illégales comme la manipulation des votes, le truquage des transactions et le refus du service à d'autres participants. En résumé, l'attaque Sybil consiste à créer de fausses identités pour corrompre le réseau. Dans son document de recherche, John R. Douceur évoque deux variantes de l'attaque Sybil : les attaques directes impliquant la création de nœuds Sybil qui usurpent l'identité des nœuds authentiques et commencent à interagir avec le reste du réseau, et les attaques indirectes dans lesquelles les nœuds Sybil utilisent un nœud intermédiaire pour interagir avec le reste du réseau, ce qui rend leur détection plus difficile. Les conséquences des attaques Sybil pouvant être dévastatrices – notamment la perte de confiance de la chaîne de blocs –, leur prévention constitue un sujet de recherche actif. Pour contrer ces attaques, plusieurs mesures de sécurité sont envisageables :

- *La preuve de travail* (*Proof of Work* - PoW) est la méthode la plus courante pour se prémunir de ce type d'attaque : dans ce système, l'ajout d'un nouveau bloc à la chaîne est très énergivore, ce qui rend les attaques coûteuses et dissuasives pour un attaquant potentiel.
- *La preuve d'enjeu (PoS)* est une autre méthode de prévention, plus économe que la preuve de travail. Dans un système de preuve d'enjeu, le droit de créer un nouveau bloc est proportionnel à la quantité de crypto-actifs que détient un mineur. Dès lors, il est plus difficile pour un attaquant de prendre le contrôle du réseau, sans détenir une grande quantité de crypto-actifs.
- *Maintenir une liste de nœuds de confiance*, connus pour leur honnêteté, constitue une autre forme de protection. Ces nœuds contribuent à détecter et à isoler les attaquants Sybil.
- *Limiter le nombre de connexions que chaque nœud peut avoir* pourrait réduire la possibilité pour un attaquant de contrôler un grand nombre de nœuds.

Enfin, l'attaque des 51 % produit également des conséquences désastreuses. Comme nous l'avons vu précédemment, lorsque les pirates disposent d'une majorité de la puissance de calcul du réseau, ils peuvent annuler les transactions effectuées par les autres utilisateurs. Ils peuvent également décider des transactions qui seront validées et celles qui ne le seront pas. La plupart du temps, l'attaque des 51 % est dirigée contre les chaînes de blocs de type preuve de travail, car dans ce modèle de gouvernance décentralisée, ce sont les transactions approuvées par la majorité des utilisateurs qui sont enregistrées dans le registre des transactions.

De nombreuses attaques sont observées sur des environnements chaîne de blocs et les fraudes s'élèvent à plusieurs dizaines de millions de dollars ou d'euros. Ainsi, des pirates informatiques ont dérobé l'équivalent de plus de 50 millions de dollars à un fonds d'investissement expérimental dédié au financement de projets sur la chaîne de blocs Ethereum, la *Decentralized Autonomous Organization* (DAO). Ce fonds, qui était parvenu à lever 150 millions de dollars en ethers a perdu un tiers de ses avoirs.

2.4. Les défis juridiques

Au sein de la chaîne de blocs, il y a deux grandes catégories de données personnelles : les identifiants des participants (qui ont le droit de créer une nouvelle transaction) et des mineurs (qui valident la transaction) d'une part, et les données complémentaires ou la « charge utile » (données essentielles à transmettre comme un diplôme ou un permis de conduire) d'autre part. Quid des risques liés à la confidentialité des données à caractère personnel ? Plusieurs études – dont un rapport de la CNIL intitulé *Chaîne de blocs et RGPD : quelles solutions pour un usage responsable en présence de données personnelles* (2018) – confirment les incompatibilités les plus flagrantes entre la technologie de la chaîne de blocs et certaines règles du Règlement européen sur la protection des données (RGPD). Comment gérer la problématique du « droit à l'oubli » alors que, par définition, une chaîne de blocs est immuable ? Qu'en est-il de la fiabilité de la preuve numérique ou de la responsabilité en cas de mauvaise certification ? En d'autres termes, à qui incombera la faute en cas d'erreur de certification ? Autant de questions qui restent en suspens.

2.5. Les risques de blanchiment de capitaux et de financement du terrorisme

L'absence de vigilance client (« Connaissez votre client » – « *Know Your Customer* ») sur certaines plateformes, conjuguée à l'utilisation de crypto-actifs favorisant le « pseudonymat », peut permettre de dissimuler l'identité réelle des personnes. Le « pseudonymat » – qui n'est pas l'anonymat – est la règle sur les chaînes de blocs publiques servant d'infrastructures à la DeFi : lors d'une transaction sur la chaîne de blocs, l'utilisateur se voit attribuer un identifiant permettant de le tracer tout en ne révélant pas son identité. Cet identifiant repose sur deux clés : la clé publique qui contient son adresse et la clé privée pour signer la transaction. L'utilisateur est identifié par son adresse et non pas par son nom. Ce « pseudonymat » et l'absence de contrôle de l'origine des fonds engendrent des risques de blanchiment des capitaux et de financement du terrorisme. Des exemples de chaînes de blocs publiques qui privilégient le « pseudonymat » sont Bitcoin et Ethereum.

2.6. *Les défis énergétiques et environnementaux : la chaîne de blocs est-elle bonne pour le climat ?*

Outre les questions de montée en charge, de sécurité, de régime fiscal, ou de cadre juridique, les chaînes de blocs posent aussi celle de leurs impacts énergétiques et environnementaux. La consommation électrique associée au fonctionnement de cette technologie est considérable et la chaîne de blocs, en particulier le protocole de preuve de travail, apparaît comme un gouffre énergétique. Le gaspillage de ressources énergétiques dans le domaine du minage de crypto-actifs avait d'ailleurs conduit la Chine, en juin 2021, à bannir ce type d'opération. Les mineurs ont dû trouver refuge dans d'autres pays, notamment au Kazakhstan et en Iran. Le Kazakhstan est devenu le deuxième pays mineur au monde. Toutefois, le minage de crypto-actifs a été tellement gourmand en électricité que de nombreuses coupures ont eu lieu et, selon des sources officieuses, le gouvernement du Kazakhstan prépare déjà des mesures restrictives pour les mineurs de crypto-actifs. D'après le *Financial Times*, alors qu'habituellement le Kazakhstan enregistrait un accroissement de la consommation d'électricité d'environ 3 % chaque année, avec l'arrivée des mineurs, l'augmentation est déjà de 8 % en 2021. De même, le gouvernement iranien a été contraint d'interdire le minage de crypto-actifs pendant quatre mois en 2021 pour éviter des pannes d'électricité. Par ailleurs, le sénateur Ronan Le Gleut, coauteur d'un rapport intitulé *Les enjeux technologiques des chaînes de blocs*, pointe du doigt que les technologies qui s'appuient sur les preuves de travail pourraient avoir un fort impact sur le prix de l'électricité mondiale. Le gouffre énergétique que représente la chaîne de blocs est d'autant plus préoccupant que les ressources énergétiques sont rares. Le numérique absorbe déjà 15 % environ de la consommation électrique nationale française, et autant d'énergie, à l'échelle globale, que l'aviation (Flipo *et al.*, 2013).

Pour lutter contre le caractère énergivore de la chaîne de blocs, certains proposent la chaîne de blocs verte. Cette dernière devrait se différencier des chaînes de blocs actuelles grâce à une technique de certification beaucoup plus rapide, scalable et non énergivore. Chaque individu devient le mineur de sa propre transaction. Nous avons vu précédemment que le système de consensus par preuve de travail nécessitait une énorme puissance de calcul et, par conséquent, une importante quantité d'électricité. Certains experts émettent alors l'idée d'enterrer la preuve de travail et de recourir plutôt à la preuve d'enjeu. Ainsi, tous les ordinateurs n'auront pas à fonctionner en même temps pour effectuer le même calcul. La chaîne de blocs Ethereum a d'ailleurs effectué sa transition de la preuve de travail vers une preuve d'enjeu en septembre 2022.

Nous ne pouvons clore ce débat sans évoquer l'analyse au vitriol de Nouriel Roubini[7]. Ce dernier qualifie la chaîne de blocs de «*grande escroquerie*» et pense qu'il s'agit en réalité «*de la technologie la plus surfaite – et la moins utile – de toute l'histoire humaine*». Il rajoute : «*En pratique, la chaîne de blocs ne constitue rien de plus qu'une feuille de calcul ou une base de données que l'on aurait glorifiée*». Pour Roubini, la véritable révolution dans les services financiers n'est pas fondée sur la chaîne de blocs ou les cybermonnaies mais sur l'intelligence artificielle, les mégadonnées (*big data*) et l'internet des objets. Il poursuit sa critique en écrivant que «*l'idéologie de la chaîne de blocs est née politiquement de la même mentalité que les complots libertaires de droite ou l'anarchisme d'extrême gauche* [...]. *Ainsi, l'avenir de la cryptographie utopique sera celui d'une décentralisation libertaire de toute activité économique, de toute transaction et de toute interaction humaine. Tout finira sur un registre public distribué et décentralisé, sans permission et sans confiance* [...]. *Aucune institution au monde – banque, société, ONG ou agence gouvernementale – n'ira inscrire son bilan, ses transactions, opérations ou interactions avec des clients et fournisseurs dans des registres peer-to-peer publics décentralisés n'exigeant aucune permission. Aucune raison valable ne justifie que des informations aussi exclusives et précieuses soient inscrites publiquement*».

2.7. Les risques liés à la gouvernance décentralisée d'une chaîne de blocs

La gouvernance définit les règles et les procédures concernant la validité des transactions, l'émission de nouveaux actifs, le règlement des litiges, la protection des cyber-risques, etc. Le choix d'une méthode de consensus est l'élément déterminant de la gouvernance d'une chaîne de blocs, de son niveau de sécurité et de son impact. Il existe des modes de gouvernance

7. Nouriel Roubini, «The big blockchain lie», *Project Syndicate*, 2018.

multiples, dont la gouvernance centralisée et la gouvernance décentralisée. Or, qu'il s'agisse des chaînes de blocs ou des applications construites sur ces infrastructures, la gouvernance décentralisée présente des risques importants.

Alors que la gouvernance centralisée fait référence aux chaînes de blocs privées, la gouvernance décentralisée se rapporte aux chaînes de blocs publiques. Ces dernières ont adopté un modèle de gouvernance plus démocratique et inclusif, dans lequel le pouvoir de prise de décision est réparti entre tous les participants du réseau. Le modèle repose sur des systèmes de récompenses financières pour inciter la communauté à participer au fonctionnement du système. Mais, contrairement à l'objectif visé, ces récompenses conduisent à l'émergence de comportements opportunistes qui se matérialisent par la concentration du pouvoir décisionnel dans les mains de quelques investisseurs. Ces derniers, surnommés *whales* ou « baleines » contrôlent une grosse partie du protocole en accumulant une grande quantité de jetons. Tel un oligopole détenant ainsi la gouvernance *de fait*, ces investisseurs peuvent prendre des décisions néfastes aux détenteurs minoritaires. Selon leur bon vouloir, ils pourront changer les règles de gouvernance ou du protocole. Ces *whales* constituent les principaux obstacles à une décentralisation effective des protocoles de la DeFi.

Un autre facteur qui peut paralyser la gouvernance décentralisée est celui des « fourches », autrement dit de la division de la chaîne de blocs en deux chaînes distinctes. Ces fourches peuvent se produire lors d'une modification du protocole ou d'une mise à jour des règles de fonctionnement des chaînes de blocs, lorsqu'il y a des divergences entre acteurs. Il existe deux types de fourches : les fourches souples (*soft forks*) et les fourches dures (*hard forks*). Une fourche souple constitue une modification rétro-compatible du protocole : tous les nœuds et les mineurs refusant la mise à jour peuvent quand même continuer de participer au réseau. Une fourche dure est une mise à niveau des règles du protocole qui n'est pas rétro-compatible, c'est-à-dire que tous les nœuds doivent obligatoirement accepter une mise à niveau pour pouvoir continuer à insérer de nouveaux blocs. Dans le cas de fourches dures contentieuses, situation dans laquelle la communauté est en profond désaccord sur les changements de règles à adopter, cela aboutit la plupart du temps à la survie de deux chaînes de blocs distinctes et à la séparation des utilisateurs en deux camps. Tout est ainsi dédoublé. Pour résumer, les fourches dures créent souvent des problèmes de gouvernance, des pertes économiques et surtout une division de la communauté.

3. Quel cadre juridique pour la chaîne de blocs ?

Les enjeux juridiques majeurs de la chaîne de blocs témoignent de la nécessité absolue d'encadrer cette nouvelle technologie par un cadre sécuritaire quasi infaillible. Les premiers travaux pour essayer de fixer un cadre juridique de la chaîne de blocs ont été menés à la fois sur le plan national et européen.

3.1. Les initiatives françaises

En France, plusieurs initiatives ont vu le jour. La Banque de France a mis en place un *Laboratoire Banque de France* pour analyser l'impact des innovations sur les métiers et mesurer les risques et opportunités de cette nouvelle technologie. Par ailleurs, le Haut Comité juridique de la Place financière de Paris mène une réflexion juridique autour de la chaîne de blocs. Quant à la Direction générale du Trésor, elle avait lancé le 24 mars 2017 une grande consultation publique sur le projet de réformes législatives et réglementaires relatif à la chaîne de blocs et plus particulièrement sur la gestion des titres non cotés *via* cette technologie. L'objectif consistait à compenser le vide juridique causé par l'essor des Fintechs et leur propension à recourir à tous types d'innovation technologique, la plus préoccupante étant la chaîne de blocs. L'ordonnance du 8 décembre 2017, complétée par le décret d'application du 24 décembre 2018 a adapté la législation française pour permettre la représentation et la transmission de certains titres financiers non cotés au moyen d'un « dispositif d'enregistrement électronique partagé » (DEEP, en anglais *Distributed Ledger Technology* ou DLT), autrement dit la technologie de la chaîne de blocs. Cette ordonnance permet de conférer à l'inscription d'une émission ou d'une cession de titres financiers dans une chaîne de blocs la même valeur qu'une inscription dans un registre physique. Par ailleurs, la chaîne de blocs peut également être utilisée à des fins de garantie. Le ministère de l'Économie et des Finances s'interroge également sur la gouvernance de la chaîne de blocs et sur la compatibilité de cette technologie avec la législation européenne encadrant l'usage des données personnelles.

3.2. Les initiatives européennes

Les textes qui visent à réguler la chaîne de blocs et ses différentes applications se multiplient. Le règlement sur un « Régime pilote » pour les infrastructures de marché reposant sur la technologie des registres distribués (*Distributed Ledger Technology* – DLT) vise à « *favoriser le développement de certaines activités financières en chaîne de blocs et à encourager l'innovation dans un cadre règlementaire garantissant la protection des investisseurs, l'intégrité des marchés et la stabilité financière, dans les activités relatives à la négociation et à la post-négociation d'instruments financiers*». Il crée trois nouvelles catégories d'infrastructure de marché : le système multilatéral de négociation DLT (MTF DLT) de titres «jetonisés[8]» (*tokenized securities*) qui n'admet à la négociation que des instruments financiers DLT; le système de règlement DLT (SR DLT) de titres «jetonisés» qui règle des transactions sur des instruments financiers DLT; le système de négociation et de règlement DLT (SNR DLT) qui va permettre à une entité de combiner la négociation et le règlement-livraison de titres «jetonisés».

Le 1er février 2018, la Commission européenne avec le soutien du Parlement européen a lancé l'Observatoire-Forum des chaînes de blocs de l'UE qui a pour objectif d'accélérer l'innovation dans les chaînes de blocs et leur développement au sein de l'UE, afin de consolider la position de l'Europe en tant que leader mondial de cette nouvelle technologie.

Le 8 avril 2018, le Partenariat européen de la chaîne de blocs (*European Blockchain* Partnership) a vu le jour. Il s'est concentré sur la construction de l'infrastructure européenne de services de chaîne de blocs (EBSI), afin d'éviter la fragmentation du paysage de la chaîne de blocs en favorisant une collaboration étroite entre les pays membres de l'UE. Il soutient l'interopérabilité et le large déploiement de services basés sur la chaîne de blocs.

4. Les contrats intelligents (*smart contracts*)

C'est la chaîne de blocs qui a permis l'émergence du contrat intelligent (*smart contract*). Ce concept a été inventé en 1994 par Nick Szabo, informaticien, juriste et cryptographe américain, pour faciliter les transactions à distance entre des parties ne se connaissant pas et ne s'accordant aucune confiance. La définition qu'il en donne est la suivante : «*Ensemble de promesses, spécifiées sous forme numérique, comprenant des protocoles dans le cadre desquels les parties exécutent ces promesses*». En d'autres termes, il s'agit d'un programme autonome, codé sur la chaîne de blocs, qui exécute automatiquement les conditions et les termes d'un contrat sans nécessiter une intervention humaine (par exemple un prêt d'argent, une émission obligataire ou d'action, mais aussi un vote ou tout autre type de contrat) et dont les caractéristiques sont standardisées. Il réagit aux transactions qu'il reçoit en exécutant du code (chapitre 4).

Dès la fin des années 1990, Szabo donnait comme exemple de cas d'usage celui de contrat de location de voiture. En l'espèce, le contrat intelligent va vérifier automatiquement à chaque échéance si le montant

8. Titres financiers sous forme de jetons numériques sur des technologies de registre distribué (DLT) dont la chaîne de blocs fait partie.

dû est bien payé par le locataire de la voiture. Tant que le règlement est effectué, le locataire sera la seule personne à pouvoir utiliser la voiture en s'authentifiant. En cas de non-paiement, la voiture est automatiquement bloquée et le loueur en récupère le contrôle. «*Le contrat intelligent de location de voiture permet de redonner le contrôle de la voiture de façon automatique au loueur, lorsque le locataire n'exécute pas ses engagements, comme le règlement de la facture*», explique Nick Szabo.

En résumé, un contrat intelligent est un contrat numérique qui repose sur la technologie chaîne de blocs permettant de contrôler les engagements de chaque partie au contrat. Un engagement exécuté par une des parties est automatiquement répertorié dans la chaîne de blocs. Ainsi, lorsque tous les engagements préalables à l'exécution d'une obligation ont été respectés, cette dernière s'auto-exécute, sans qu'aucune des parties ne puisse s'y opposer.

4.1. Fonctionnement des contrats intelligents

Comme tout autre contrat, il intervient entre deux parties : il fixe les règles d'une transaction et définit les termes d'un accord entre ces deux parties. Une fois finalisés, les termes de l'accord sont écrits au sein de lignes de code. Pour l'essentiel, le code représente un certain nombre d'instructions et de conditions qui décrivent les scénarios possibles de transactions futures. Une fois créé, le code est stocké dans la chaîne de blocs et répliqué parmi les participants, afin que le code soit exécuté par tous les nœuds. Si les conditions de l'accord sont satisfaites et vérifiées par tous les participants de la chaîne de blocs, alors la transaction correspondante est exécutée puis validée.

Le contrat intelligent fonctionne selon le syllogisme formel («si ..., alors ...»). Il exécute automatiquement des obligations préalablement définies sans intervention humaine et de manière désintermédiée. Si la condition survient, le contrat intelligent pourra être exécuté.

Le crypto-actif le plus connu pour les transactions ou les échanges dématérialisés de contrats intelligents est l'ether qui se développe sur le réseau de la chaîne de blocs Ethereum. À l'inverse du bitcoin, la rédaction des contrats intelligents sur Ethereum s'effectue dans le langage de programmation dit Turing complet. La plateforme d'Ethereum, décrite comme un système décentralisé de contrats intelligents, possède en effet une puissance d'expression au moins équivalente à celle des machines de Turing, caractérisées par la «capacité potentielle de calculer tout ce qui est calculable».

4.2. Contrat intelligent versus contrat traditionnel

L'expression « contrat » intelligent peut prêter à confusion. Il ne s'agit pas d'un contrat mais d'un code informatique, d'un programme permettant de réaliser une action sans l'intervention d'un tiers de confiance. À juste titre, le dispositif d'enrichissement de la langue française traduit cette expression par « automate exécuteur de clauses » et en donne la définition suivante : « *Protocole informatique qui exécute des clauses préalablement définies, dont certaines peuvent être conditionnées par des évènements susceptibles de se produire* » (FranceTerme).

De nombreux juristes s'accordent pour confirmer qu'il ne s'agit pas d'un contrat au sens juridique du terme. Le contrat intelligent est « *un mode – automatisé et sécurisé – d'exécution d'un contrat* », sans être un contrat (Barbry, 2017 ; Fénéron Plisson, 2017). Pour Garance Cattalano, professeure à l'Université d'Orléans, le concept est un faux ami. « *Il n'est pas plus un contrat que le web n'est une toile d'araignée* » (Cattalano, 2019). Elle écrit : « *Un terme d'informaticien finalement très éloigné de ce que les juristes appellent contrats* [...]. *Le terme smart contract est en vérité une simple image, destinée à exprimer l'automaticité de l'accomplissement d'une fonction informatique prévue par un programme si les conditions en sont remplies* ». De son côté, Gaëtan Guerlin démontre que le contrat intelligent n'est qu'un logiciel et qu'il ne constitue pas un accord de volontés au sens de l'article 1101 du Code civil : « *le smart contract n'est pas une notion juridique. Il est une technologie censée assurer l'effectivité, l'efficacité ou l'extinction d'un contrat dont la qualification juridique lui est étrangère* » (Guerlin, 2017). En conclusion, le contrat intelligent n'a pas de cadre juridique. Il est un protocole informatique qui exécute un ensemble de conditions prédéfinies sous la forme d'une boucle conditionnelle. Ce questionnement sur la nature juridique du contrat intelligent par de nombreux juristes constitue un défi pour la chaîne de blocs : la question se pose notamment de savoir à qui incombera la responsabilité en cas d'erreurs de certification.

4.3. Avantages et inconvénients des contrats intelligents

Le contrat intelligent offre de nombreux bénéfices, le rendant attractif dans de nombreux domaines. L'automatisation est un de ses principaux atouts : grâce à celle-ci, l'élaboration et l'exécution du contrat sont facilitées. Le contrat intelligent assure une sécurité renforcée (réduction d'une manière considérable du risque de fraude, de manipulation ou de piratage) et la confiance dans chaque transaction numérique. Il permet un gain de temps et une baisse des coûts. Il diminue les risques d'erreurs humaines dans la mesure où l'intervention humaine est limitée et garantit ainsi l'exécution conforme des termes du contrat.

Si les contrats intelligents procurent des opportunités, ils comportent aussi des inconvénients dont le principal reste le risque de failles dans la programmation. Aucun programme informatique n'est infaillible. Le code des contrats intelligents est le plus souvent *open source*, c'est-à-dire accessible à tout programmeur. Si ce dernier est mal conçu, des pirates peuvent exploiter les failles qu'il contient. L'exploitation de ces failles peut conduire à de la cybercriminalité, entraînant des pertes financières importantes pour les utilisateurs. Ces dernières années, ces vulnérabilités ont explosé. Parmi les actes de piratage, l'attaque de réentrée (*reetrancy attack*) est une tactique habile utilisée par les cybercriminels pour exploiter les vulnérabilités des contrats intelligents, qui vont leur permettre d'effectuer plusieurs fois une fonction inscrite dans le code. Les pirates recourent à cette technique en exécutant un retrait de fonds, puis plusieurs autres retraits consécutifs. Le pirate collectera des fonds supérieurs à ceux autorisés. En d'autres termes, l'attaque de réentrée permet de siphonner les fonds disponibles. Un autre type d'attaque est l'attaque par dépassement d'entier (*integer overflow*) ou « sous-dépassement » d'entier (*integer underflow*). Un dépassement d'entier se produit lorsque le résultat d'une opération arithmétique dépasse la valeur maximale pouvant être stockée dans la représentation binaire de l'entier[9]. Ainsi, dans un espace de stockage de 8 bits, la valeur maximale représentable est de 2^8-1, soit 255. Si l'on ajoute 1 à cette valeur maximale (255), le résultat est 0, provoquant un dépassement d'entier. À l'inverse, un sous-dépassement d'entier se produit lorsque le résultat d'une opération arithmétique est inférieur à la valeur minimale pouvant être stockée dans la représentation binaire de l'entier. Ces erreurs informatiques peuvent être exploitées par des attaquants. Une autre forme d'attaque est l'attaque de dépendance aux ordres de transaction (*transaction ordering dependance* - TOD) dans un contrat intelligent : elle est le fait d'acteurs malveillants qui manipulent l'ordre des transactions pour obtenir un avantage.

4.4. Les applications pratiques

La création de plateformes de chaînes de blocs comme Ethereum a entraîné le développement de contrats intelligents dans un grand nombre de secteurs, notamment la finance, l'assurance, le notariat, ou l'immobilier.

9. Le dépassement d'entier le plus célèbre de ces dernières années est très probablement celui qui causa la destruction de la fusée Ariane 5, lors de son vol inaugural, le 4 juin 1996.

4.4.1. Les contrats intelligents dans le secteur bancaire et financier

La finance décentralisée comprend des applications qui utilisent des contrats intelligents pour recréer des produits et services financiers traditionnels tels que les marchés monétaires, les options, les bourses et la gestion d'actifs. Parmi les acteurs de la finance décentralisée, on trouve :

- Aave, une plateforme DeFi construite sur Ethereum, qui utilise des contrats intelligents pour prêter et emprunter des crypto-actifs de manière décentralisée et sans autorisation ;
- Bancor, autre plateforme décentralisée qui crée un système de liquidité pour permettre des conversions directes entre différents actifs numériques, en utilisant des contrats intelligents pour gérer les échanges. Il fonctionne en permettant à tout utilisateur de convertir directement un actif en un autre actif de façon instantanée et sans qu'il ne faille recourir à un intermédiaire ou un carnet d'ordre. Le nom de Bancor a été choisi en hommage à John Maynard Keynes, qui avait proposé d'adopter le Bancor comme monnaie de réserve internationale lors de la conférence de Bretton Woods de 1944. L'illiquidité est un problème fondamental pour nombre de crypto-actifs à faible capitalisation. Le protocole utilise des « réservoirs de liquidité » (*liquidity pools*, ensemble de crypto-actifs ou d'actifs numériques) pour connecter différents actifs. Chacun de ces réservoirs dispose d'un contrat intelligent qui gère les conversions entre les actifs en son sein. Lorsqu'un utilisateur souhaite convertir un actif en un autre, le contrat intelligent utilise une formule mathématique pour déterminer les quantités appropriées des deux actifs à échanger. Dans le protocole Bancor, les réservoirs de liquidité peuvent être alimentés par des contributeurs volontaires, qui y placent leurs actifs et gagnent des récompenses sur leurs dépôts.

Dans le domaine de la finance traditionnelle, on trouve également plusieurs exemples d'utilisation de contrats intelligents. En 2020, BNP Paribas a intégré les contrats intelligents pour se connecter aux bourses mondiales et faciliter ses opérations de trading en temps réel. Le 30 novembre 2023, la Société Générale a émis sa première obligation verte numérique d'un montant de 10 millions d'euros sous forme de *security tokens* – titres financiers enregistrés dans un DEEP – sur la chaîne de blocs publique Ethereum avec une transparence et une traçabilité des données ESG (critères Environnementaux, Sociaux et de Gouvernance). Les informations sur l'empreinte carbone liée à l'infrastructure numérique de l'obligation sont disponibles 24 heures sur 24 et 7 jours sur 7 en libre accès directement dans le contrat intelligent de l'obligation. Dernier exemple, en avril 2023, Crédit Agricole Corporate & Investment Bank et SEB (banque suédoise) se sont associés pour développer Sobond, une plateforme chaîne de blocs dédiée aux obligations numériques, axée sur l'efficacité et la promotion de la durabilité dans la finance traditionnelle. Cette plateforme doit permettre aux émetteurs de lever des fonds et de gérer des titres *via* des contrats intelligents. L'objectif de cette initiative est d'améliorer l'efficacité et de faciliter la synchronisation des données en temps réel dans le secteur de la finance traditionnelle.

4.4.2. Les contrats intelligents dans l'assurance

Dans le secteur des assurances, les contrats intelligents devraient offrir aux assureurs un moyen plus efficace et plus sûr de gérer les paiements et les risques. Entreprise pionnière sur ce sujet, AXA a lancé en 2017 une offre baptisée Fizzy qui s'appuyait sur le protocole Ethereum. La promesse était de proposer une indemnisation automatique, d'un montant défini à l'avance, lorsque le vol était annulé ou si l'avion atterrissait avec deux heures de retard, sans la nécessité de faire une déclaration de sinistre. Dès l'arrivée de l'avion, le contrat intelligent vérifiait immédiatement l'heure d'arrivée, le retard éventuel, les conditions de remboursement préétablis et promettait une indemnisation automatique à l'assuré. L'heure prévue de l'avion était inscrite dans ses lignes de code, il récupérait l'heure d'arrivée réelle et faisait la soustraction des deux. L'offre Fizzy n'ayant rencontré qu'un succès très limité, AXA a stoppé cette assurance paramétrique[10] permettant de couvrir les retards et les annulations de vols.

4.4.3. Les contrats immobiliers intelligents

En Suède, le registre foncier a mis en place un système de contrat intelligent qui révise les contrats et en valide de manière automatique les clauses, permettant ainsi de fluidifier les transferts de propriété. En 2017, la place de marché immobilière Propy a réalisé la première vente immobilière au monde effectuée sur la chaîne de blocs Ethereum. La transaction s'est déroulée entièrement *via* un contrat intelligent avec un crypto-actif comme moyen de paiement. Cependant dans la plupart des pays, dont la France, la règlementation ne reconnait pas comme des actes notariés authentiques les contrats intelligents qui n'ont pas de valeur juridique et qui ne sont pas opposables aux tiers.

*

*   *

10. L'assurance paramétrique est un type d'assurance dans lequel un paiement est lié à un évènement spécifique prédéfini.

Ce chapitre nous a permis de décrire le fonctionnement et les potentialités de la chaîne de blocs, ainsi que de détailler les risques auxquels elle se heurte : impact sur l'environnement, risques de cybercriminalité et de fraude, risques de blanchiment des capitaux et du financement du terrorisme, absence de cadre réglementaire. Nous avons également montré que les initiatives pour fixer un cadre juridique à la chaîne de blocs se sont multipliées à l'échelle française et européenne. Enfin, la chaîne de blocs a donné lieu à des applications comme les contrats intelligents, dont le potentiel innovant irrigue de nombreux secteurs de l'économie, notamment le domaine bancaire, financier et assurantiel. Selon Jean-Claude Trichet dans une interview au journal Le Monde en 2016, la blockchain serait en effet « *une invention géniale, parce qu'elle repose sur une décentralisation complète de l'enregistrement des transactions* ».

Davantage qu'une simple innovation, il apparaît que la chaîne de blocs est véritablement une technologie à usage général (*general purpose technology* – GPT), c'est-à-dire une innovation révolutionnaire au sens de Schumpeter, capable de transformer radicalement l'économie à l'échelle mondiale et d'engendrer de la productivité et de la croissance, même si sa diffusion peut prendre du temps (Bresnahan et Trajtenberg, 1995 ; Aghion *et al.*, 2020). À l'instar de la machine à vapeur, de l'électricité ou de l'informatique, les technologies génériques présentent trois caractéristiques importantes qui les distinguent des autres innovations, à savoir leur capacité à s'améliorer, leur large pénétration des marchés et leur capacité à engendrer des innovations secondaires (Jovanovic et Rousseau, 2005). Or, la chaîne de blocs possède un potentiel d'amélioration, dans la mesure où il s'agit d'un code *open source*, d'un logiciel libre que chacun peut utiliser pour créer ses propres applications. Par ailleurs, même si ses applications sont surreprésentées dans la catégorie des services financiers, la technologie de la chaîne de blocs se diffuse à un nombre croissant de domaines : commerce électronique, covoiturage, notariat, réseaux sociaux, exploitation minière… (Kane, 2017). L'augmentation sensible du nombre de brevets et de leur diversification dans différents domaines technologiques renforce ce constat (Marku *et al.*, 2021). Enfin, elle engendre des innovations secondaires, comme les contrats intelligents ou les applications de financement participatif. À condition d'être régulée et d'avoir les moyens de son développement, la technologie de la chaîne de blocs porte ainsi en germe de fortes potentialités de croissance et de productivité pour les années futures.

Chapitre 3

De nouveaux acteurs dans l'écosystème monétaire et financier

Les innovations technologiques et les changements apportés à la réglementation européenne ont permis l'arrivée dans le secteur des paiements de nouveaux acteurs tels que les néobanques, les Fintechs et les Bigtechs.

Ces nouveaux acteurs viennent concurrencer les banques traditionnelles et sont au cœur d'un changement de paradigme général. Ils ont profité d'une part de l'ouverture de la législation avec l'adoption des directives européennes sur les services de paiement et la monnaie électronique, d'autre part des nouvelles opportunités de conquête de marché résultant de l'évolution des attentes des clients. On assiste à l'émergence d'une offre inventive et multiforme, qui tend à faire évoluer le paysage bancaire et financier vers un écosystème caractérisé par une grande hétérogénéité des acteurs.

Nous nous intéressons successivement aux néobanques, aux Fintechs et enfin aux Bigtechs, en évoquant leur ouverture à l'écosystème des crypto-actifs.

1. Les néobanques

1.1. Qu'est-ce qu'une néobanque ?

Une « néobanque » ou « banque mobile » est un établissement de crédit (ACPR, 2021) qui offre ses services *via* une application mobile uniquement. Dans une publication d'avril 2021, l'ACPR rappelle que le terme « néobanque » ne peut être attribué qu'à des établissements de crédit[1].

Elle ne doit pas être confondue avec une banque en ligne qui s'appuie sur l'infrastructure d'une banque traditionnelle. Pour recueillir des fonds du public et accorder des crédits, il faut obtenir un agrément délivré par la Banque centrale européenne, sur proposition de l'autorité de

1. ACPR (2021), Rappel des règles d'usage du terme « néobanque », avril 2021.

supervision (l'ACPR en France), qui instruira le dossier. Les néobanques font de plus en plus d'adeptes en France eu égard à la facilité d'ouverture de comptes.

1.2. *Les néobanques favorables aux crypto-actifs*

Propulsées par l'essor du bitcoin, un nombre croissant de néobanques propose des services bancaires intégrant des crypto-actifs.

Ainsi, la néobanque britannique Revolut a été pionnière pour l'adoption des crypto-actifs. Elle permet à ses utilisateurs d'acheter, de vendre et de conserver plusieurs crypto-actifs (bitcoin, ether, ripple...) directement depuis leur application mobile. Autre exemple, la néobanque allemande N26 offre à ses clients la possibilité d'investir dans les crypto-actifs depuis mars 2024. Cette offre a été élaborée avec la plateforme Bitpanda, qui gère l'exécution des transactions et la conservation des crypto-actifs. Elle permet à tout détenteur d'un compte N26 d'acheter et de vendre près de deux cents crypto-actifs, y compris le bitcoin, directement depuis l'application de la néobanque.

Certains emploient indifféremment les concepts de « néobanque » et de « Fintech ». Pourtant, il ne faut pas confondre ces deux notions sous prétexte que certaines néobanques sont issues du monde de la Fintech.

2. Les Fintechs

À l'ère du numérique, les banques ainsi que les régulateurs doivent faire face à la multiplication du nombre d'entreprises impliquées dans les technologies financières, les Fintechs. Comme nous l'avons rappelé précédemment, les Fintechs doivent être distinguées des banques en ligne et des néobanques, nées à la suite de la révolution internet.

2.1. *Présentation des Fintechs*

Contraction de l'expression *financial technology*, les Fintechs sont de jeunes entreprises spécialisées dans la mise en œuvre d'innovations numériques et technologiques au sein de la sphère financière. Elles ne sont pas des banques au sens juridique du terme. Le Conseil de stabilité financière définit les Fintechs comme « *l'innovation de nature technologique mise en œuvre dans les services financiers qui pourrait déboucher sur de nouveaux modèles d'activité, de nouvelles applications, de nouveaux processus ou de nouveaux produits et qui s'accompagne d'un effet significatif sur la fourniture de services financiers* » (Conseil de stabilité financière, 2017). Souvent de petite taille, ces jeunes pousses travaillent essentiellement en ligne et fournissent de nombreux services : paiement mobile, financement participatif (*crowdfunding*), gestion de l'épargne, assurance et crédit, conseil financier en ligne, aide à la décision grâce aux algorithmes, etc.

En janvier 2024, il y aurait 29 955 Fintechs dans le monde, dont 44 % sur le continent américain, 37 % dans la zone Europe, Afrique et Moyen Orient et 20 % en Asie-Pacifique (*source* : Statista).

D'après l'édition 2023 du *Panorama annuel des fintech françaises* publié par l'association France Fintech et par Bpifrance, la France comptait 950 Fintechs en 2023 – soit deux fois plus qu'en 2017 –, dont 30 % étaient implantées à l'international. Les services de paiement, de financement et les services bancaires constituent des domaines d'activité importants des Fintechs françaises (38,7 %). Les services fonctionnels, la gestion d'actifs ou encore la regtech[2] ou l'assurtech (assurance) font également partie des grands domaines d'action des Fintechs.

Entre 2012 et 2021, le total des investissements dans les Fintechs au niveau mondial est passé de 4 à 225,8 milliards de dollars – avec un trou d'air en 2020 lié à la crise de la covid-19 (KPMG, 2024). Depuis le pic de 2021, la valeur des investissements a reculé à 196,6 milliards de dollars en 2022 et à 113,7 milliards en 2023, soit le niveau le plus bas depuis 2017. Cette baisse s'explique en partie par l'impact de la hausse des taux d'intérêt et de celui de l'inflation dans de nombreux pays, auquel il faut ajouter les incertitudes géopolitiques avec les conflits en Ukraine et au Proche Orient. À ces facteurs exogènes s'ajoute l'inquiétude des investisseurs, notamment face à la baisse des valorisations. Les États-Unis ont attiré à eux seuls deux tiers de tous les fonds investis dans les Fintechs en 2023, soit 73,5 milliards de dollars.

En France, les Fintechs ont levé 939 millions d'euros en 2023, soit une baisse de 70 % par rapport à 2019[3]. Cette contraction, qui reflète un attentisme général des investisseurs, est en phase avec celle enregistrée au niveau européen (-68 %). La France reste le deuxième marché d'Europe avec 18 % des fonds levés, derrière le Royaume-Uni (42 % de fonds levés) mais devant l'Allemagne (14 %).

2.2. Les Fintechs, une ouverture sur les crypto-actifs

Les Fintechs offrent une ouverture sur les crypto-actifs. Ainsi, d'anciens cadres de la néobanque Revolut, et de Ledger, le spécialiste français de la sécurisation des crypto-actifs, ont lancé Deblock, qui met à la disposition de ses clients un compte courant avec un IBAN français ainsi qu'une carte

2. L'expression *regtech* est la contraction de « *regulatory technology* ». Elle désigne les jeunes pousses qui utilisent les nouvelles technologies pour répondre plus efficacement aux exigences liées à la conformité réglementaire et à la gestion des risques.

3. *Source* : France FinTech, Fintech françaises, bilan annuel 2023 et perspectives.

bancaire. Les clients peuvent ainsi déposer, retirer et convertir des crypto-actifs en euros et vice versa. En novembre 2023, Deblock a reçu l'agrément en tant qu'établissement de monnaie électronique de la part de l'ACPR, après avoir été enregistrée comme prestataire de services sur actifs numériques (PSAN) auprès de l'AMF.

Autre exemple, Lydia permet à ses utilisateurs d'investir dans les crypto-actifs à partir d'un euro grâce à un partenariat avec Bitpanda. Ce dernier propose l'achat de bitcoin, d'ether, ou de ses propres jetons numériques. Enfin, la néobanque des professionnels Qonto a conclu un partenariat avec Coinhouse afin de permettre à leur clientèle de PME et d'indépendants d'investir une partie de leur trésorerie en crypto-actifs.

2.3. *Plusieurs facteurs expliquent l'essor des Fintechs*

Le rapide développement des Fintechs résulte de la combinaison de plusieurs facteurs : une défiance vis-à-vis des banques traditionnelles après la crise financière de 2008, les innovations technologiques, la disparition des obstacles techniques et juridiques, et l'attrait croissant du public pour les offres numériques.

Tout d'abord, de nombreuses innovations technologiques ont ainsi permis l'émergence des Fintechs comme la mobilité bancaire, l'informatique en nuage (*cloud computing*), l'exploitation des mégadonnées (*big data*), les algorithmes, les agents conversationnels (*chatbots*), l'intelligence artificielle, la chaîne de blocs (*blockchain*), etc. Ces technologies permettent de fournir des services très performants, une nouvelle approche du risque, des gains de productivité massifs accompagnés de baisses de coûts, une exploitation des données extrêmement rapide ou encore une simplification des processus. Contrairement aux modèles bancaires traditionnels organisés verticalement autour d'un produit, les Fintechs ont une organisation horizontale, non pas en fonction du produit ou du service, mais du client : l'entreprise analyse les évolutions de la société grâce aux nouvelles technologies et propose des produits ou des services répondant à cette analyse (de Vauplane, 2015). Ainsi, les Fintechs recourent à la technologie de l'informatique en nuage malgré les risques qui y sont attachés et notamment le risque d'atteinte à la confidentialité des données. L'analyse des mégadonnées permet à ces jeunes pousses de la finance de mieux connaître les clients, donc de leur offrir de meilleurs produits et services, notamment grâce à une stratégie de segmentation de leur clientèle par âge, sexe, ou comportement en ligne.

Un autre avantage réside dans la détection de la fraude. Connaissant les habitudes de chaque client, elles peuvent facilement interroger un client sur une transaction qui semble suspecte. Concernant la gestion des risques, les mégadonnées peuvent aider les Fintechs à adapter des stratégies qui permettront d'évaluer les risques et de les minimiser. Enfin, ces données répondent à la volonté des Fintechs de créer des services personnalisés et flexibles qui répondent aux demandes très spécifiques de la clientèle. Au total, l'amélioration de l'analyse des données pour évaluer les risques et l'automatisation de la gestion des actifs constitue un apport majeur des Fintechs.

D'autres facteurs ont également contribué au développement des Fintechs comme l'adoption de règlementations qui leur sont favorables. Les obligations en matière de mobilité bancaire, créées par la loi n° 2015-990 du 6 août 2015 pour la croissance, l'activité et l'égalité des chances économiques, visent à faciliter le changement de banque pour les usagers et dynamiser la concurrence. Par ailleurs, les Fintechs ont bénéficié de la directive européenne sur les services de paiement DSP2, qui a voulu créer un véritable marché des services de paiement favorisant la concurrence et l'innovation, ainsi que de la loi sur le financement participatif de 2014 qui est venue casser le monopole bancaire en créant un cadre règlementaire à la fois clair, protecteur et favorable pour les plateformes de prêt[4].

Enfin, les Français recourent de plus en plus à internet pour consulter leurs comptes, s'informer sur les produits et services bancaires ou pour effectuer toutes sortes d'opérations simples ou complexes. Les clients recherchent une forte interactivité, la continuité de service, la disponibilité permanente, la réduction des délais de traitement ou encore la personnalisation des services.

2.4. Les nouveaux risques

Si les Fintechs répondent aux besoins des consommateurs et des entreprises et permettent de réaliser des gains de productivité accompagnés de baisses de coûts, il convient de rester vigilant quant aux nouveaux risques induits, aussi bien les risques financiers (risque de crédit et de liquidité), que les risques de blanchiment d'argent et de financement du terrorisme si les dispositifs de contrôle ne sont pas au niveau.

Parmi les risques financiers, citons d'abord le risque de liquidité lié aux prêts accordés par les Fintechs. Certes, ce risque existe pour tout établissement financier, mais les Fintechs y sont particulièrement sensibles, car elles détiennent moins d'actifs liquides par rapport à leurs dépôts que les

4. L'ordonnance du 30 mai 2014 a sécurisé le cadre juridique du financement participatif en prévoyant la création de deux statuts pour les plateformes : Conseiller en Investissement Participatif (CIP) pour les plateformes qui commercialisent des actions ou obligations de sociétés non cotées ; Intermédiaire en Financement Participatif (IFP) pour celles qui fournissent un service de prêts ou de dons. Ce cadre a évolué avec le décret n° 2022-110 du 1er février 2022, afin d'être en conformité avec le règlement (UE) 2020/1503 et la directive (UE) 2020/1504. Ces textes créent un statut unique européen de prestataire de services de financement participatif, soumis à l'agrément de l'autorité compétente et qui remplace les deux statuts existants.

banques traditionnelles : elles sont ainsi davantage confrontées au risque de ruée sur les dépôts (*bank run*), sans être soumises aux mêmes exigences réglementaires que les banques – notamment la détention d'une proportion minimale d'actifs liquides. Par ailleurs, les Fintechs sont plus exposées au risque de crédit en raison de l'essor des activités de financement participatif (*crowdfunding*). Le problème principal concerne les asymétries d'information entre les porteurs de projet et les investisseurs (Agrawal *et al.*, 2013), l'information étant souvent partielle et la réglementation plus souple que pour les établissements financiers traditionnels (de Vauplane, 2019).

Au même titre que les institutions financières réglementées, les Fintechs doivent respecter les obligations en vigueur en matière de lutte contre le blanchiment d'argent, contre l'évasion fiscale ou contre le financement du terrorisme. En 2015, la Commission des sanctions de l'Autorité de contrôle prudentiel et de résolution (ACPR) a infligé un blâme et une sanction financière de 80 000 euros à la Fintech française Lemon Way en raison de plusieurs manquements aux obligations légales et règlementaires. Il s'est avéré que Lemon Way n'avait pas respecté totalement ses obligations d'identification, de vérification de l'identité et de connaissance de ses clients. Par ailleurs, la détection des personnes politiquement exposées[5], la classification des risques ainsi que le dispositif de suivi et d'analyse des relations d'affaires étaient défaillants.

En outre, dans la mesure où les Fintechs développent la totalité de leur offre sur internet, le problème de cybercriminalité est très important. Le *Guide relatif à l'évaluation des demandes d'agrément en qualité d'établissement de crédit Fintech*, publié par la Banque centrale européenne en 2018, évoque la vulnérabilité accrue des Fintechs aux cyberattaques. En raison d'un recours important à l'externalisation, les Fintechs paraissent particulièrement exposées à des perturbations dans les services, à des pertes de données clients, à des fraudes et à des pannes de systèmes. Ce risque de cybercriminalité représente pour elles un danger de continuité d'activité plus important que pour les banques traditionnelles, eu égard à leur taille réduite et à leur surface financière limitée. C'est une source d'inquiétude dans la mesure où ces cyberattaques exercent une influence négative sur les consommateurs et entreprises et où elles pourraient générer un risque systémique, affecter la stabilité financière et, *in fine*, compromettre la croissance économique.

5. Dans le cadre de la lutte contre le blanchiment des capitaux et le financement du terrorisme, on considère comme personne politiquement exposée une personne occupant ou s'étant vu confier une fonction publique importante, ainsi que les membres directs de sa famille ou les personnes connues pour lui être étroitement associées.

Si la technologie financière peut incontestablement apporter des bénéfices, l'innovation ne peut être promue au détriment de la sécurité et de la solidité. Ainsi, face au danger que pourraient constituer les Fintechs pour la stabilité financière, la mise en place d'un dispositif réglementaire adéquat est nécessaire.

2.5. L'encadrement règlementaire des Fintechs

Les Fintechs posent des défis particuliers aux régulateurs. Leur essor conduit ces derniers à s'interroger sur le système de régulation à mettre en place pour trouver un équilibre entre, d'une part, l'exigence de protéger la clientèle et de répondre aux enjeux de la stabilité financière et, d'autre part, la nécessité de ne pas étouffer l'innovation.

En France, deux institutions assurent la fonction de régulation : l'Autorité de contrôle prudentiel et de résolution (ACPR), adossée à la Banque de France, et l'Autorité des marchés financiers (AMF). L'ACPR a créé le 1er juin 2016 un pôle spécifique à destination des Fintechs afin de les guider en matière de réglementation des services financiers. Ce pôle, dénommé Fintech Innovation, accueille et oriente les porteurs de projets innovants dans la régulation financière, que le projet intervienne dans le domaine de la banque ou de l'assurance. De son côté, l'AMF a créé à la même date une division « Fintech, innovation et compétitivité » ayant pour objectif d'analyser les innovations en cours dans le secteur des services d'investissement et d'identifier les enjeux en matière de compétitivité et de régulation. Sa mission consiste à analyser les opportunités et les nouvelles formes de risques auxquelles le régulateur et les investisseurs doivent faire face. Les deux autorités ont créé conjointement le Forum Fintech qui s'est réuni pour la première fois le 18 juillet 2016. Il rassemble des professionnels, l'ACPR, l'AMF et les pouvoirs publics : Direction générale du Trésor, Commission nationale de l'informatique et des libertés (CNIL), Agence nationale de la sécurité des systèmes d'information (ANSSI), Traitement du renseignement et action contre les circuits financiers clandestins (TRACFIN). Il constitue une instance de veille, de dialogue et de proposition entre la profession, les experts et les pouvoirs publics afin d'assurer une bonne connaissance et une prise en compte par toutes les parties prenantes des enjeux, des développements, des spécificités et des risques liés aux Fintechs.

Deux approches existent : celle de *regulatory sandbox* (ou bac à sable réglementaire) et celle du *regulatory soundbox* (ou régulation proportionnelle). L'approche du bac à sable règlementaire, qui a la préférence du Royaume-Uni et de la Suisse, permet à certaines jeunes pousses de la finance triées sur le volet par le régulateur de tester certaines innovations dans un cadre règlementaire allégé. Quant à l'approche par la régulation proportionnelle aux risques, elle consiste en une règlementation adaptée à la taille, à la nature et à la complexité des activités, et ce indépendamment de leur degré d'innovation. Cette approche, qui repose sur des règles solides, assure la neutralité du régulateur, sa volonté de garantir un traitement équitable entre les acteurs et le souci permanent de protection et de sécurité. Le système du bac à sable présente l'avantage de favoriser l'innovation mais les autorités de régulation françaises (ACPR et AMF) refusent de s'y soumettre car elles estiment que cette approche crée une rupture d'égalité. Elles ne veulent pas d'une distorsion structurelle de concurrence par la règlementation entre les acteurs existants et les nouveaux entrants : les premiers n'auront en effet pas à se préoccuper de mettre en place des procédures de mise en conformité (*compliance*) qui peuvent s'avérer coûteuses, contrairement aux seconds. Les autorités de régulation françaises prônent le système de proportionnalité des règles visant à «*adapter la règlementation à la taille et aux risques encourus par les acteurs*» (François Villeroy de Galhau, gouverneur de la Banque de France et président de l'ACPR), l'objectif étant de ne pas avoir d'iniquité de règlementation. Fin novembre 2016, ce dernier a fermé la porte à la mise en place en France du système de bac à sable pour les Fintechs françaises : «*oui à la proportionnalité des règles, mais non à leur iniquité*».

En matière de règlementation, les technologies innovantes peuvent aider les Fintechs à se protéger contre les risques évoqués précédemment. Ainsi, la regtech pourrait permettre aux Fintechs d'améliorer la conformité et la gestion des risques. En d'autres termes, elle pourrait répondre à toute une série d'exigences concernant les déclarations réglementaires, la criminalité financière, les risques opérationnels, la protection de la clientèle et la protection des données. À côté de la regtech, on a vu apparaître la suptech[6] (*supervisory technology*) qui permet aux autorités de contrôle d'effectuer leur travail de surveillance et de contrôle plus efficacement. Elle diffère de la regtech dans la mesure où elle ne vise pas à contribuer au respect de la règlementation, mais à soutenir les organes de contrôle dans l'évaluation de la conformité.

2.6. Fintechs contre banques traditionnelles?

L'essor récent des Fintechs est en train de bouleverser le secteur de la banque et de l'assurance. Mais contrairement à l'idée selon laquelle les Fintechs constituent une menace pour les banques traditionnelles, nous pouvons affirmer que ces dernières ne sont pas condamnées à disparaître

6. La suptech (technologie au service de la supervision) désigne les jeunes pousses qui aident le superviseur à exercer ses missions de manière plus efficace.

car elles disposent d'atouts non négligeables face à ces jeunes pousses de la finance : moyens financiers plus importants, équipes mieux formées… À l'inverse des banques, les Fintechs manquent d'expérience en matière de conformité pour la lutte contre le blanchiment, la fraude et autres délits financiers. Enfin, les Fintechs ne représentent pas une menace sérieuse pour l'activité de moyens de paiement des banques. Dans ce domaine, les banques françaises ont toujours joué un rôle majeur dans l'innovation[7].

D'ailleurs, les consommateurs ne s'y trompent pas : ils montrent encore une certaine frilosité à l'égard des Fintechs ou des néobanques; en 2022, ces nouveaux acteurs ne s'imposent pas encore comme des acteurs légitimes en banque principale ou pour la gestion de l'épargne. Parmi les clients qui y ont recours, 62 % le font de façon ponctuelle et 23 % par curiosité (Bain & Company, 2023). Les éléments du modèle de service le plus valorisés par les clients sont à la fois le conseiller bancaire, l'accès à l'agence et la mise à disposition de services en temps réel accessibles à distance. Les banques traditionnelles ont une histoire longue qui inspire confiance au consommateur, et qui n'est pas près de s'arrêter.

Lors d'une conférence du 12 novembre 2018, Denis Beau, premier sous-gouverneur de la Banque de France, déclare : « *Dans l'ensemble, avec une capitalisation boursière de 125 milliards de dollars à l'échelle mondiale, les start-ups du secteur de la Fintech ont été jusqu'à présent davantage un complément pour les acteurs financiers existants, par le biais d'une intégration ou de partenariats, que de véritables rivaux pour les acteurs en place* ». Cependant, il ajoute : « *les Fintechs font beaucoup parler mais l'important ce sont les Bigtechs* ». Il apparaît ainsi que les banques traditionnelles redoutent davantage la concurrence des Bigtechs que celle des Fintechs (Stulz, 2022). D'après Thomas Buberl, directeur d'Axa, « *nos concurrents de demain sont Amazon, Apple ou Facebook* ».

3. Les Bigtechs à la conquête des services bancaires et financiers

L'arrivée des Bigtechs dans le monde de la finance et, notamment le secteur bancaire, constitue un véritable défi pour les banques qui vont devoir affronter une rude concurrence.

3.1. Le concept de Bigtech

Les Bigtechs sont « *des grandes entreprises technologiques qui s'étendent à la fourniture directe de services financiers ou de produits très similaires aux produits financiers* » (ACPR, 2022). Leur activité principale est liée aux

7. Voir le dossier de presse des Assises des moyens de paiement (2 juin 2015).

services numériques plutôt qu'aux services financiers (de la Mano et Padilla, 2018 ; Frost *et al.*, 2019). Les Bigtechs regroupent les grands acteurs du numérique : les GAFAM – Google (devenu Alphabet), Amazon, Facebook (devenu Meta), Apple et Microsoft – présents en Europe et aux États-Unis notamment, et les BATX chinois (Baidu, Alibaba et Tencent et Xiaomi), qui ont acquis des positions fortes en Asie et amorcent leur développement en Europe et aux États-Unis. Le modèle de plateforme des BATX incluant des services bancaires et financiers sur une plateforme généraliste est actuellement le plus avancé au monde. Ces géants du net sont déjà engagés dans un large éventail d'activités financières, mais historiquement, les services de paiement ont été l'un des premiers services financiers qu'ils ont proposés. Les entreprises Bigtech fournissent davantage de services de paiement en Chine que dans l'UE et aux États-Unis, notamment pour y pallier le déficit d'infrastructures bancaires de paiement.

À l'échelon mondial, le volume de crédit accordé par les Bigtechs est en plein essor : il atteindrait 572 milliards de dollars en 2019 – soit une croissance de 44 % par rapport à 2018 – et aurait même dépassé le volume de crédit accordé par les Fintechs en 2018 et 2019 (Cornelli *et al.*, 2023).

Selon Mind Fintech, entre 2006 et 2023, les GAFAM ont lancé ou se sont associés, d'une façon ou d'une autre (développement interne, investissement ou acquisition, partenariat…), à 252 initiatives dans le domaine de la finance (graphique 1). Au total, Alphabet et Amazon sont les sociétés qui ont participé au plus grand nombre d'initiatives (respectivement 119 et 66, devant Microsoft, Apple et Meta). Les services de paiement sont le premier domaine exploré par les GAFAM (une initiative sur trois), suivi par l'assurance et le financement.

Ainsi, Apple a lancé son système de paiement sur mobile Apple Pay aux États-Unis en septembre 2014 (juin 2016 en France). En 2015, le géant internet américain Google a commencé à déployer son système de paiements par smartphone Android Pay aux États-Unis (devenu Google Pay en 2018), et en France en 2018. Dès 2013, Amazon a développé Amazon Pay aux États-Unis (2017 en France), solution de paiement en ligne permettant aux internautes de régler des achats en ligne sur des sites marchands tiers, en utilisant uniquement leur compte Amazon. Enfin, depuis 2015 aux États-Unis (2017 en France), Meta permet les transferts d'argent entre particuliers au sein de l'application Messenger ; le système de paiement a d'ailleurs été unifié en 2019, sous le nom de Facebook Pay – renommé Meta Pay en 2022. Parmi les GAFAM, certains s'attaquent au cœur de métier des banques traditionnelles. À titre d'exemple, en 2011,

Amazon a lancé aux États-Unis Amazon Lending, spécialisé dans les activités de crédit aux PME.

Graphique 1 : **Nombre d'initiatives lancées par les GAFAM dans le domaine financier entre 2006 et 2023**

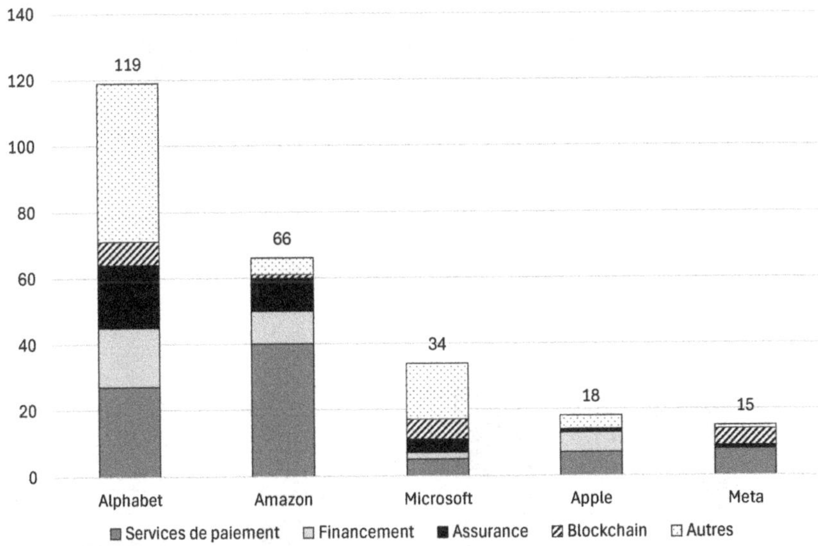

Source : Mind Fintech (2024).

En Chine, Alibaba et Tencent sont les premiers à avoir profité de la fuite en avant technologique pour doubler les acteurs financiers ; 80 % des services Fintech des BATX ont été lancés par ces deux géants entre 2004 et 2023 (graphique 2). Les BATX concurrencent les banques en s'adressant à une population largement non bancarisée ou qui rencontre des difficultés d'accès aux services bancaires traditionnels. En premier lieu, ils proposent des services de paiement (une initiative sur cinq). AliPay et WeChatPay, filiales respectives de Alibaba et Tencent, détiennent les plus grandes parts de marché du paiement mobile sur le marché chinois : 1,2 milliard d'utilisateurs pour AliPay et 1 milliard pour WeChat Pay en 2020[8]. Citons également Mi Pay chez Xiaomi ou Du Xiaoman Pay chez Baidu. Au-delà des services de paiement, les Bigtechs ont également développé des porte-monnaies électroniques, lesquels ont permis de développer toute une gamme de services financiers pour les particuliers, de la gestion de patrimoine (LiCaiTong chez Tencent, Ant Jubao chez Alibaba, Bai Fa chez Baidu) aux services de microcrédit (Baidu Loan, Fenfu chez Tencent, Mi Credit chez Xiaomi). Autre fait saillant, alors que les Fintech étaient initialement tournées vers le marché national, l'internationalisation des

8. *Source* : Statista.

Bigtechs chinoises prend de l'ampleur depuis 2016 : 40 % des initiatives concernent l'étranger hors Chine et Hong Kong entre 2016 et 2023. Plus de la moitié de ces initiatives avec l'étranger portent sur l'Asie du Sud-Est, mais le nombre d'initiatives financières en Europe s'est également multiplié.

Graphique 2 : **Nombre d'initiatives lancées par les BATX dans le domaine financier entre 2004 et 2023**

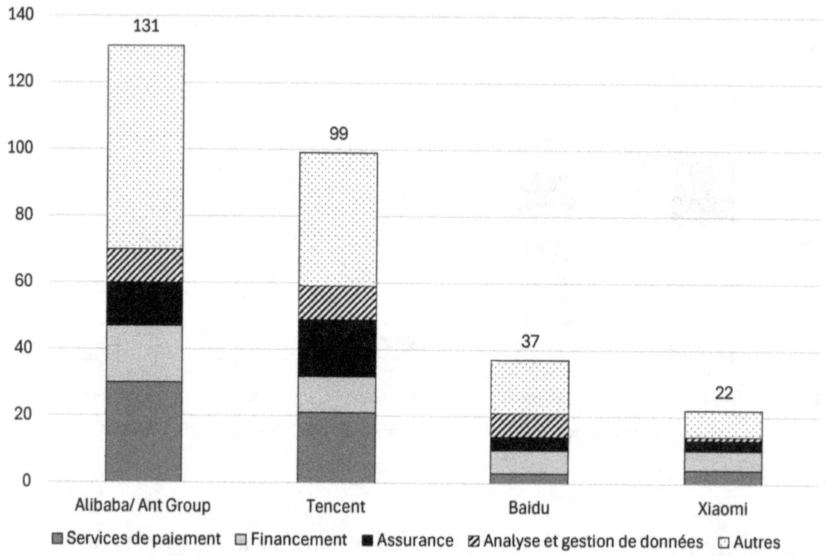

Source : Mind Fintech (2024).

Note : Nous avons regroupé Alibaba et Ant Group, car Ant Group est l'ancienne filiale financière du groupe Alibaba.

En outre, les Bigtechs commencent à proposer de nouvelles formes de monnaie. Ainsi, le 18 juin 2019, Facebook annonçait officiellement le lancement d'ici à 2020 de la Libra, nouveau crypto-actif qui devait s'appuyer sur la technologie de la chaîne de blocs. En décembre 2020, le projet Libra a été redéfini et renommé Diem, un *stablecoin* adossé au dollar émis par Silvergate Bank, banque américaine spécialisée dans les crypto-actifs avec laquelle Facebook (devenu Meta) s'est associé. L'opposition à ce projet des régulateurs, des banques et des décideurs politiques étant trop forte, le projet a été abandonné.

Plusieurs motivations ont incité les Bigtechs à intégrer la sphère financière : la diversification de leurs sources de revenus, en particulier *via* le commerce électronique ; la maîtrise de la totalité de la relation client du service au paiement ; et enfin l'accroissement de leur capacité à acquérir des données. Ainsi, la fourniture de services financiers permet aux géants du numérique de collecter des données supplémentaires sur les habitudes de dépenses et la situation financière de leurs clients. Ces informations – qui étaient traditionnellement réservées aux banques – peuvent désormais être combinées avec celles recueillies dans le cadre d'autres activités des clients, par exemple les recherches en ligne des utilisateurs, les comptes des médias sociaux ou l'activité de commerce électronique. En 2019, les produits financiers représentaient près de 11 % des bénéfices des Bigtechs (BRI, 2019).

3.2. *Les Bigtechs ont profité de la suppression des barrières à l'entrée*

3.2.1. Directives sur les services de paiement et barrières à l'entrée

Au niveau réglementaire, les directives sur les services de paiement ont permis aux géants du numérique d'accéder au marché des paiements sans barrière à l'entrée. En France, la mise à disposition de la clientèle et la gestion des moyens de paiement constituaient, depuis la loi bancaire de 1984, des opérations de banque conformément à l'article L. 311-1 du Code monétaire et financier, au même titre que la réception de fonds du public et l'octroi de crédit. Cette activité était donc réservée aux établissements de crédit. La première directive sur les services de paiement (DSP1), adoptée en avril 2007 et transposée en France en novembre 2009, a redéfini le monopole bancaire et accru la concurrence en autorisant la création d'une nouvelle catégorie de prestataires de services de paiement. Ces derniers ont pris la forme d'établissement de paiement, d'établissement de monnaie électronique et d'établissement de crédit.

L'apparition de nouveaux types de services de paiement, l'augmentation rapide des paiements électroniques et mobiles *via* internet ainsi que la protection insuffisante des consommateurs ayant rendu cette première directive inadaptée, celle-ci a été abrogée par la directive 2015/2366 du 25 novembre 2015 concernant les services de paiement dans le marché intérieur, dite DSP2.

La deuxième directive sur les services de paiement 2015/2366 dite DSP2, qui a remplacé la directive DSP1, est entrée en vigueur le 13 janvier 2018. Alors que la directive DSP1 a posé les fondements du marché unique des services de paiement, la directive DSP2 vise à accroître l'efficacité du cadre législatif en vigueur, à assurer une concurrence équitable entre tous les acteurs de paiement et à intégrer les évolutions technologiques apparues sur le marché depuis la mise en œuvre de la directive DSP1.

L'adoption de la logique d'un système bancaire ouvert (*open banking*) par la DSP2 constitue une opportunité pour les Bigtechs. Elle ouvre le marché des paiements aux nouveaux entrants en donnant accès aux informations par un canal de communication sécurisé, l'interface de programmation applicative (API). La date d'application, fixée au 14 septembre 2019, a été reportée, en raison de l'impréparation de nombreux acteurs[9]. Cette deuxième directive oblige les banques à fournir l'accès aux données de leurs clients, avec l'accord de ces derniers, à deux prestataires tiers de services de paiement : le prestataire de « services d'initiation de paiement » (SoFort, Adyen, HiPay, PayPal) et le prestataire de « services d'agrégation d'informations ». Ainsi, la DSP2 a mis fin au monopole bancaire sur le marché des paiements.

3.2.2. Intensification de la concurrence et baisse des coûts d'entrée…

L'économie numérique a intensifié la concurrence et réduit les coûts d'entrée pour les Bigtechs. Dans l'économie numérique, un monopole est moins durable que dans les activités de réseau traditionnelles (Colin *et al.*, 2015). À titre d'illustration, le marché des navigateurs Web a été dominé, successivement, par Netscape, Internet Explorer puis Google Chrome. Cette fragilité des situations acquises s'explique par une concurrence exacerbée. En effet, les coûts d'entrée sont faibles, car peu (ou pas) de capital physique est nécessaire pour entrer sur la plupart des marchés numériques.

Par ailleurs, les positions dominantes sont plus fragiles dans l'économie numérique – plus « contestables » au sens de Baumol, Panzar et Willig[10] –, car elles sont liées à la confiance inspirée aux utilisateurs… qui peut facilement s'étioler. Or, « la concurrence est à un clic ». En effet, Internet a permis de baisser les coûts de recherche et de faciliter la comparaison des prix entre fournisseurs.

3.2.3. … mais concentration des Bigtechs *via* les effets de réseau

Le modèle de plateforme des Bigtechs pose néanmoins des problèmes de concentration plus marqués que dans l'économie traditionnelle. L'activité des entreprises Bigtech se caractérise par de puissants effets de réseau, phénomène par lequel l'utilisation d'un bien ou d'un service par de nouveaux utilisateurs augmente la valeur de ce bien ou service pour les utilisateurs déjà existants. Selon Katz et Shapiro (1985), les effets de réseau

9. Pour permettre aux établissements bancaires et professionnels de la vente en ligne de s'adapter aux nouvelles règles de la DSP2, les autorités françaises leur ont accordé un délai jusqu'en 2022.

10. Notion théorisée par Baumol, Panzar et Willig (1982), un marché est dit « contestable » lorsque tout nouvel offreur est en mesure d'y entrer et d'en sortir librement, notamment sans avoir à payer des coûts fixes irrécupérables lors de sa sortie.

peuvent être directs ou indirects. En présence d'effets de réseaux directs, l'attractivité de la plateforme sera renforcée par la présence d'autres utilisateurs « du même type » ; c'est le cas du téléphone ou du fax. On parle d'effets de réseaux indirects lorsque, non pas une, mais plusieurs catégories d'utilisateurs interagissent sur une plateforme. Les effets de réseau indirects sont une caractéristique essentielle des marchés « bifaces » (Rochet et Tirole, 2003), dans lesquels la plateforme joue le rôle d'intermédiaire entre deux catégories d'utilisateurs qui sont les deux faces du marché (par exemple des vendeurs et des acheteurs). L'attractivité d'une plateforme pour les vendeurs dépendra du nombre d'acheteurs présents. Un moteur de recherche comme Google attire les internautes par le nombre de contenus auquel il donne accès ; ensuite, les annonceurs publicitaires sont attirés par le nombre d'internautes que Google permet d'atteindre (Colin *et al.*, 2015).

Dans le cas des plateformes Bigtech, l'usage de la technologie et des données tend à renforcer les effets de réseau. Les plateformes peuvent profiter des effets de réseaux pour « verrouiller » leur position dominante et empêcher la migration des utilisateurs vers une plateforme concurrente, en limitant l'accès aux données et leur portabilité. Un effet de « renversement » du marché peut se produire, au sens où l'effet de réseau favoriserait l'émergence d'une entreprise en quasi-monopole, dont le produit dominerait très largement le marché (« *the winner takes all* »).

Citons enfin l'existence de comportements prédateurs de la part des plateformes, dans leur stratégie de diversification ou d'entrée sur un marché concurrent. En copiant un service concurrent émergent, la plateforme dominante peut empêcher son développement. Grâce à son assise financière, la plateforme dominante peut prendre la forme « d'acquisitions tueuses » (*killer acquisitions*), i.e. une politique de rachat des jeunes entreprises concurrentes (DG Trésor, 2019).

Ainsi, grâce à l'économie numérique, les plateformes Bigtech ont pu croître rapidement et bénéficier d'avantages comparatifs pour se diversifier – ce qui pose de nouveaux défis de régulation aux autorités de concurrence. Ainsi, les Bigtechs possèdent un large pouvoir de marché sur de nombreux pans de notre économie et des ressources financières colossales. Face à ce constat, quelle est l'ampleur de la menace de ces géants du numérique pour les banques ?

3.3. *Les Bigtechs face aux banques commerciales traditionnelles*

3.3.1. Les principaux atouts des Bigtechs

Un pouvoir de marché sans précédent et une puissance financière considérable sont les atouts principaux des Bigtechs. Contrairement aux Fintechs, jeunes entreprises entrant sur le marché des services financiers, les Bigtechs disposent d'avantages existants – une puissance financière, un accès à des capitaux à faible coût, une base d'utilisateurs, une expertise technologique et l'accès aux données client –, qui pourraient leur permettre d'accroître rapidement leur part de marché dans divers services financiers. Les Fintechs, en revanche, ont tendance à se limiter à quelques domaines de la banque : elles ne disposent ni des données propriétaires des Bigtechs, ni d'une puissance financière comparable, ni de la reconnaissance de leur marque (De la Mano et Padilla, 2018).

Les mégadonnées (*Big data*) sont un des leviers principaux des Bigtechs. La puissance des Bigtechs est consolidée tout d'abord par une des spécificités de l'économie numérique : la collecte de données personnelles à grande échelle et une monétisation de ces données. Les Bigtechs se procurent chaque jour une immense quantité de données personnelles provenant des requêtes de recherche, des plateformes de commerce électronique ou encore de réseaux sociaux. Ces données portent sur les habitudes de consommation, de paiement, d'achat, etc. Des Bigtechs comme Google ou Facebook tirent leurs revenus du ciblage consistant à collecter des données auprès de leurs utilisateurs pour fournir aux annonceurs des espaces publicitaires ciblés. D'abord gratuites, la plupart des données sont maintenant payantes et constituent l'actif principal de ces entreprises. De plus, grâce à leur capacité technologique, les Bigtechs parviennent à exploiter leurs importantes bases de données et ainsi à mettre en place des services de paiement parfaitement adaptés aux attentes de leur clientèle.

Les Bigtechs disposent de ressources financières colossales. Grâce à leur prééminence dans certains secteurs et à leurs réserves de liquidités, elles sont en mesure de pénétrer un marché, de le dominer et d'utiliser la technologie pour instaurer des barrières à l'entrée. Leur situation financière leur permet d'investir dans des technologies de pointe, des solutions de paiement innovantes et d'être toujours plus compétitives. La maîtrise de leurs coûts marginaux leur permet d'être très attractives, et même de proposer des services gratuits. Par ailleurs, les Bigtechs ont une capitalisation boursière bien plus importante que les banques systémiques mondiales (graphique 3). Les cinq GAFAM américaines font partie du top 7 des premières entreprises mondiales en termes de capitalisation – outre Nvidia et le géant pétrolier Saudi Aramco, même s'il faut rappeler que les produits financiers ne représentent qu'environ 11 % des bénéfices des Bigtechs (BRI, 2019).

Graphique 3 : **Capitalisation boursière des principaux *Bigtechs* et groupes financiers mondiaux, 2023**

En milliards de dollars

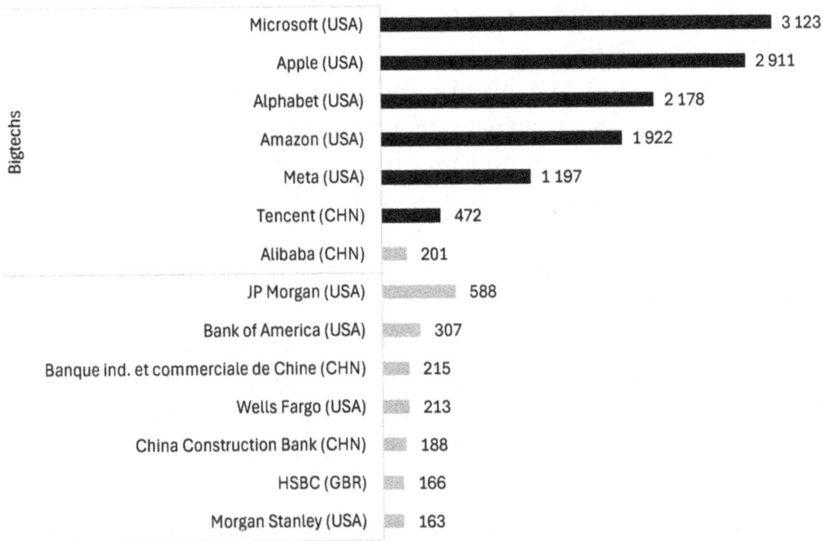

Source : Statista (juin 2024).

Enfin, la fuite en avant technologique des Bigtechs comme les mégadonnées, l'informatique en nuage (*cloud computing*), l'intelligence artificielle et la blockchain leur confère des avantages concurrentiels importants et favorise leur incursion dans le secteur bancaire et financier.

3.3.2. La réponse des banques aux défis lancés par les Bigtechs

Au niveau mondial, l'analyse de Cornelli *et al.* (2023) montre que l'activité globale de crédit des Bigtechs (et des Fintechs) est positivement corrélée au PIB par habitant ; autrement dit, il y a un lien positif entre le niveau de développement d'un pays et les activités de crédit innovantes[11]. Cependant, leur analyse suggère que ces prêts émanant des Bigtechs (et des Fintechs) n'entrent pas en concurrence directe avec les banques traditionnelles pour les activités de crédit : ils complètent les autres formes de crédit, plutôt que de s'y substituer. Ainsi, ils servent souvent des entreprises emprunteuses plus petites (PME) et des particuliers, éloignés du marché

11. L'analyse de Cornelli *et al.* (2023) porte sur 79 pays entre 2013 et 2018.

du crédit bancaire traditionnel; par ailleurs ces crédits alternatifs sont fortement corrélés avec le capital-risque, le capital-investissement et l'activité de fusion-acquisition.

Au niveau français, face à la menace des Bigtechs, les banques traditionnelles ne sont pas démunies. Comme le rappelle François Villeroy de Galhau, gouverneur de la Banque de France et président de l'ACPR : « *les banques disposent d'une large clientèle, de données nombreuses et bien sécurisées, d'une forte expérience dans la gestion des risques et la conformité aux exigences réglementaires* ».

Elles ont d'abord une histoire longue qui inspire la confiance au consommateur. Elles restent des acteurs de confiance malgré la crise financière (Bouyala, 2015) et continuent à bénéficier d'une forte notoriété ainsi que d'une bonne réputation en matière de sécurité et de protection des données de leurs clients dans un contexte où les pratiques de certains grands acteurs du numérique posent problème[12]. Par ailleurs, elles apportent de véritables conseils grâce à une forte culture de l'expérience client. Dans les banques traditionnelles, que certains qualifient de « banques relationnelles », les conseillers accompagnent les projets de vie de leurs clients ou les projets d'entreprises. Elles ont également une grande expérience en matière de conformité pour la lutte contre le blanchiment, la fraude et autres délits financiers.

Par ailleurs, elles disposent d'une forte implantation géographique à travers le réseau des agences et d'une proximité avec le consommateur. Il y a 33 526 agences bancaires en France en 2023[13], soit 492 agences pour un million d'habitants, et la France se situe ainsi largement au-dessus de la moyenne de la zone euro (308 agences pour un million d'habitants). Enfin, les banques investissent dans la recherche et développement pour favoriser l'intégration d'innovations dans leurs offres de services.

Les banques françaises ont multiplié les initiatives pour répondre aux défis de la révolution numérique. Leurs stratégies s'articulent autour de quatre axes : transformation de leurs modèles d'affaires, amélioration de la relation client, modernisation des systèmes d'information et réorientation de la culture d'entreprise vers l'innovation.

L'émergence des Bigtechs ne signe pas la fin des banques, car ces dernières ont su s'adapter aux nouvelles technologies. La banque de demain sera une combinaison de numérique et d'humain, et non un simple acteur de la banque en ligne. À l'instar de la grande distribution, le numérique

12. Facebook a été confronté à une grande crise de confiance après le scandale Cambridge Analytica relatif à sa gestion des données personnelles. Cambridge Analytica avait ainsi collecté et exploité, sans leur consentement, les données personnelles de 87 millions d'utilisateurs de Facebook, auxquelles la plateforme avait donné accès.
13. *Source* : BCE.

ne devra pas reléguer au second plan l'agence physique, et l'enjeu sera d'assurer un développement harmonieux des deux. La banque du futur sera « phygitale », combinant numérique et présence physique.

*

* *

Dans ce chapitre, nous avons tour à tour analysé le phénomène des néobanques, des Fintechs et des Bigtechs, en discutant de leurs caractéristiques, des conditions de leur émergence, des risques dont ils sont porteurs et de leur ouverture à l'univers des crypto-actifs.

Bien que les Bigtechs apparaissent comme une menace plus sérieuse que les Fintechs, nous avons montré que les banques traditionnelles conservent encore des atouts qui leur permettent de faire face à cette concurrence. Pour rester dans la course, les banques doivent continuer à se transformer, ce qui suppose une triple mutation. En premier lieu, les métiers de la banque doivent évoluer. Deuxièmement, les banques doivent s'intégrer dans un nouvel écosystème numérique qui repose sur les mégadonnées, un système bancaire ouvert, un modèle de coopération plutôt que de concurrence entre offreurs, une « plateformisation » des modèles économiques des banques, le modèle *banking as a service*... Enfin, la banque doit développer une stratégie « omnicanal », c'est-à-dire une intégration des différents canaux de distribution et de communication.

Les entreprises Bigtechs constituent non seulement un défi majeur pour les banques traditionnelles mais également un enjeu de souveraineté pour l'Europe, dans la mesure où les principaux géants du numérique ne sont pas européens. Surtout, elles présentent un risque pour la stabilité financière. D'abord, les Bigtechs se situent souvent en dehors de la sphère réglementaire existante : elles ne sont pas confrontées à des exigences en matière de capital, et au maintien d'infrastructures de conformité dont les institutions historiques réglementées doivent disposer (ESMA, 2020). Cela « *incite à repenser la surveillance prudentielle* », d'après le principe « *même activité, même risque, même surveillance, même réglementation* » (BCE, 2020). Par ailleurs, en raison de leur tendance à la concentration, les Bigtechs pourraient se retrouver en position dominante sur certains secteurs : en cas de défaillances opérationnelles et de cyberattaques ciblées, cela pourrait avoir un impact systémique sur le système financier dans son ensemble, augmentant ainsi les risques pour la stabilité financière (BCE, 2020). Enfin, une pression accrue sur la rentabilité des banques pourrait les inciter à prendre davantage de risques (Conseil de stabilité financière, 2019).

Chapitre 4

Les nouveaux services financiers fournis par la finance décentralisée

La technologie de la chaîne de blocs est à l'origine de l'apparition de nombreuses activités nouvelles qui se posent en alternative aux modèles traditionnels. Dans cet environnement, la finance décentralisée se présente comme un nouveau modèle opérationnel par lequel des activités sur crypto-actifs sont fournies. Les crypto-actifs constituent l'épine dorsale de toutes les activités de finance décentralisée. Par ailleurs, la finance décentralisée repose sur des protocoles ouverts et des contrats intelligents.

Les nouvelles activités ont d'abord touché le secteur des paiements et s'étendent désormais au sein de la sphère financière. Aujourd'hui, il existe de très nombreux services proposés par de multiples protocoles et applications, qui vont des prêts et emprunts automatisés aux échanges décentralisés et à l'assurance. Si certains services sont similaires à ceux de la finance traditionnelle, d'autres offrent de nouvelles potentialités.

Après avoir analysé le mode de fonctionnement de la finance décentralisée, nous décrivons les services proposés par la finance décentralisée et montrons en quoi elle diffère de la finance traditionnelle. Nous concluons notre propos en évoquant les risques liés à la finance décentralisée.

1. Le nouveau paradigme de la finance décentralisée

1.1. La notion de finance décentralisée

Le concept de finance décentralisée (voir introduction) est apparu en 2017 avec l'émergence des premiers protocoles innovants. Néanmoins, ce n'est qu'à partir de l'été 2020 que l'infrastructure de la finance décentralisée s'est véritablement développée : son objectif est d'offrir une alternative à la finance traditionnelle en proposant les mêmes services, tout en supprimant les intermédiaires et en se passant d'une banque centrale ou d'une agence gouvernementale pour son fonctionnement. Les différentes opérations s'effectuent de pair à pair.

La finance décentralisée repose exclusivement sur l'utilisation de protocoles *blockchain* et de crypto-actifs. Contrairement à une présentation courante, la finance décentralisée ne « réplique » pas à proprement parler la finance traditionnelle, dans la mesure où les actifs qui s'y négocient ne sont pas les mêmes. Dans le cas de la finance décentralisée, il s'agit exclusivement de crypto-actifs.

1.2. Les organisations autonomes décentralisées (DAO) et les applications décentralisées (dApps)

Les organisations autonomes décentralisées (DAO) et les applications décentralisées (dApps) sont au cœur de la finance décentralisée.

1.2.1. Les organisations autonomes décentralisées (DAO)

Une DAO est un système basé sur la chaîne de blocs, qui permet aux participants de se coordonner et de se gouverner eux-mêmes grâce à un ensemble de règles auto-exécutoires déployées sur une chaîne de blocs publique, et dont la gouvernance est décentralisée (Hassan et De Filippi, 2021). Ainsi, pour fonctionner, une DAO utilise des contrats intelligents, qui s'exécutent automatiquement dès lors que certaines conditions préalablement définies sont remplies. Si certains affirment que le protocole Bitcoin est la première DAO (Buterin, 2014 ; Hsieh *et al.*, 2018), le terme est aujourd'hui compris comme faisant référence non pas à une chaîne de blocs en soi, mais à des organisations déployées en tant que *smart contracts* au-dessus d'une chaîne de blocs existante.

La notion de DAO remonte au concept antérieur de société autonome décentralisée (*Decentralized Autonomous Corporation*), utilisé de manière informelle dans les forums en ligne par les premiers adeptes des crypto-actifs. En 2013, le terme a été plus largement adopté et discuté par Daniel Larimer, puis repris par Vitalik Buterin, fondateur du protocole Ethereum. L'idée de ce dernier est de remplacer des organisations humaines hiérarchisées par des organisations humaines collaboratives horizontales. Dans un article publié en 2014, il décrit la DAO comme « *une entité qui vit sur internet et existe de manière autonome, mais qui s'appuie également fortement sur l'embauche d'individus pour effectuer certaines tâches que l'automate lui-même ne peut pas accomplir* » (Buterin, 2014).

Une DAO fonctionne grâce à un programme informatique qui fournit à une communauté de participants les règles de gouvernance de l'organisation, automatisées *via* des contrats intelligents et inscrites de façon immuable et transparente sous forme de lignes de codes dans une chaîne de blocs. Ces règles de gouvernance ont trait aux nombres de jetons nécessaires pour prendre une décision, aux droits attachés aux différents jetons, etc. Ouverte à tous, cette organisation permet à un grand nombre de personnes de contribuer à des projets communs sans avoir besoin de passer par une structure pyramidale et hiérarchique traditionnelle. Elle n'a pas de structure juridique reconnue, et personne n'est responsable d'une DAO. Alors qu'au sein des organisations traditionnelles, les décisions sont dites descendantes (*top down*), c'est-à-dire qu'elles émanent du management pour s'imposer à tous, les DAO fonctionnent selon une approche ascendante (*bottom up*) : les décisions sont proposées par les membres eux-mêmes et prises par consensus communautaire. Enfin, la transparence de la DAO renforce la confiance et garantit un fonctionnement dans l'intérêt de ses membres.

À côté des avantages qu'offre la DAO (décentralisation, participation, transparence, communauté), elle n'est pas exempte d'inconvénients : 1) le risque de lenteur et d'inefficacité concernant la coordination et la prise de décision, en raison de la recherche d'un consensus parmi les détenteurs de jetons et dans la mesure où tout le monde à son mot à dire ; 2) l'adoption de mauvaises décisions eu égard à un manque d'expertise de la part de certains participants ; 3) les problèmes de sécurité. Par ailleurs, étant gérés sur une plateforme numérique, les DAO sont vulnérables face au piratage et à d'autres formes de cybercriminalité. Par exemple, Temple DAO, un protocole de finance décentralisée qui offre aux utilisateurs des rendements sur les dépôts, a été victime d'un piratage en 2022. Plus de deux millions de dollars en crypto-actifs ont été perdus. Un autre exemple célèbre concerne la première DAO, appelée The DAO. Créée en avril 2016, elle avait pour mission de financer des projets pour contribuer au développement du protocole Ethereum. Cette DAO fonctionnait comme un fonds d'investissement décentralisé dont les décisions étaient prises collectivement. Les fonds des participants étaient déposés dans un contrat intelligent en contrepartie de jetons. Après avoir levé 150 millions de dollars en ethers, The DAO a été victime d'un piratage en juin 2016 (le pirate ayant exploité une faille du code informatique), entraînant l'extorsion d'environ un tiers des fonds.

1.2.2. Les applications décentralisées (dApps)

La finance décentralisée recouvre un ensemble d'applications dédiées (appelées dApps) qui proposent différents services aux particuliers et aux entreprises : transferts d'argent, obtention de prêts, placements, financement participatif, places de marché… Alors que les DAO représentent les organisations dont les règles de gouvernance sont inscrites dans une chaîne de blocs, les dApps désignent les applications décentralisées fonctionnant sur une chaîne de blocs. Une dApp peut ainsi être créée par une DAO (Galienni et Truphème, 2023). Il faudra attendre 2014 et l'apparition de la chaîne de blocs Ethereum avec sa capacité à exécuter des contrats intelligents pour que les dApps se généralisent.

L'Autorité des marchés financiers (AMF) en donne la description suivante : « *Les applications décentralisées (dApps) sont des applications logicielles fournissant une interface permettant aux utilisateurs d'avoir accès aux fonctionnalités des contrats intelligents.* […] *Les dApps permettent en quelque sorte au public d'accéder à la structure décentralisée de la chaîne de blocs, ouvrant ainsi à ces utilisateurs la possibilité d'effectuer des transactions de pair-à-pair entre les particuliers* via *le contrat intelligent et les nœuds du réseau auquel elles fournissent un accès* » (AMF, 2023).

Du point de vue de l'utilisateur, les dApps ressemblent aux applications classiques. La différence se situe essentiellement dans l'infrastructure qui fait fonctionner la dApp derrière l'interface visuelle : le code source, l'infrastructure et les données de l'application ne sont pas regroupés dans les serveurs informatiques inaccessibles d'une entreprise comme Google, mais hébergés sur la chaîne de blocs. Concernant le fonctionnement d'une dApp, les utilisateurs soumettent leur requête *via* l'interface de la dApp, qui la transmet au nœud du réseau auquel elle est reliée. Puis, cette demande de transaction est communiquée au contrat intelligent qui la vérifie, l'exécute et la diffuse au reste de la chaîne de blocs (graphique 1).

Graphique 1 : **Les couches technologiques de la DeFi**

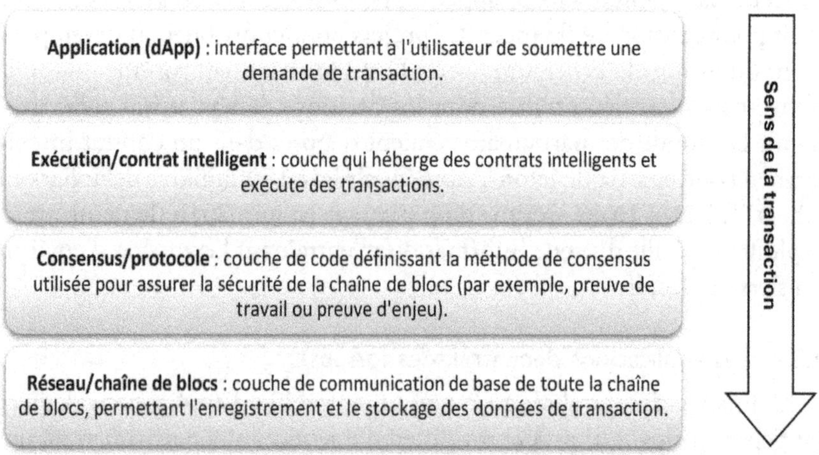

Source : librement inspiré de AMF (2023).

Par rapport aux applications financières traditionnelles qui sont toutes à code source fermé (*closed source*) et construites sur des systèmes propriétaires, les applications décentralisées sont généralement entièrement à code source ouvert (*open source*) et bâties sur des chaînes de blocs ouvertes et publiques. La caractéristique code source ouvert des dApps leur confère certaines caractéristiques que ne possèdent pas les programmes développés sous licence privée : 1) un haut niveau de transparence de l'application ; 2) la possibilité d'audits de communauté afin que toute personne possédant les connaissances puisse consulter le code source de l'application ; 3) l'interopérabilité, c'est-à-dire que les différentes applications sont capables de fonctionner conjointement.

1.3. Le marché de la finance décentralisée

Pour estimer le volume d'activité de la finance décentralisée, on utilise la valeur totale verrouillée (*Total Value Locked*, TVL). Cet indicateur mesure la valeur en dollars américains des actifs numériques bloqués dans un protocole de finance décentralisée. La TVL est comparable aux dépôts bancaires pour les projets de financement décentralisé. Elle permet de mesurer la santé et la liquidité d'un protocole DeFi. En effet, plus la TVL est élevée, plus le protocole est considéré comme sûr. Par ailleurs, plus la valeur verrouillée dans un protocole est importante, plus le protocole est liquide – car il y a davantage de capitaux disponibles pour des opérations de prêt, d'emprunt, etc. La TVL ne doit pas être confondue avec la valeur des crypto-actifs en circulation : ces derniers peuvent s'échanger librement, contrairement aux actifs verrouillés.

D'après DefiLlama[1], le secteur de la finance décentralisée a fluctué fortement depuis 2020 (graphique 2). Alors que la TVL avait enregistré une forte progression, culminant autour de 170 milliards de dollars fin 2021, elle a dégringolé en mai 2022, notamment en raison de l'effondrement du protocole Terra (Luna) et de la baisse généralisée de la valorisation des crypto-actifs. Après s'être stabilisée autour de 45 milliards de dollars en 2023, la TVL est repartie à la hausse : entre mars et octobre 2024, elle évolue dans une fourchette entre 80 et 100 milliards de dollars. La chaîne de blocs Ethereum est en tête avec une part de plus de 60 % du marché des TVL au cours des trois premiers trimestres de 2024, réaffirmant son statut de principale plateforme pour les projets et applications DeFi.

1. DefiLlama est une plateforme de référence pour suivre l'évolution des protocoles de la finance décentralisée et de leur TVL.

Graphique 2 : **Valeur totale verrouillée (TVL) de tous les protocoles DeFi**

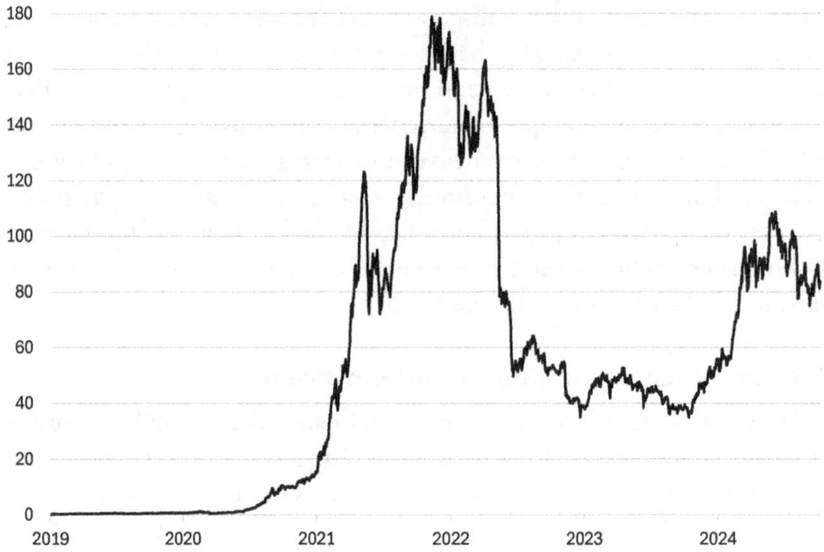

Source : DefiLlama, données quotidiennes.

2. Les nouveaux services financiers avec leurs promesses et leurs failles

Les services fournis par la finance décentralisée éliminent les intermédiaires centralisés traditionnels, et sont basés sur des protocoles automatisés. Parmi ces différents services, les activités spéculatives dominent et celles tournées vers le financement des entreprises restent peu développées.

Le nombre d'applications décentralisées et de protocoles de finance décentralisée a crû rapidement (AMF, 2023). Cependant, le marché de la DeFi reste très concentré : parmi les 4 970 protocoles de finance décentralisée recensés début octobre 2024, 29 % sont des protocoles d'échanges décentralisés (*Decentralised Exchanges*/DEX) ou des teneurs de marché automatisés (*Automated Market Makers*/AMM).

2.1. Les échanges décentralisés

Un échange décentralisé est une plateforme qui permet aux utilisateurs d'échanger des crypto-actifs directement entre eux, sans intermédiaire centralisé. Les échanges sont gérés entre ordinateurs grâce à la chaîne de blocs qui permet de générer des contrats qui s'auto-exécutent sous certaines conditions. Il s'agit des contrats intelligents qui remplacent les banques pour les opérations et l'arsenal juridique (régulateur, avocats, tribunaux) auquel on fait appel en cas de rupture de contrat. Les fonds ne sont pas stockés sur la plateforme de crypto-actifs mais dans les portefeuilles des utilisateurs. Ces derniers gardent le contrôle total de leurs fonds.

Au fil des années, plusieurs modèles d'échanges décentralisés ont vu le jour. Les plus utilisés sont les échanges décentralisés basés sur un carnet d'ordres (*order book*) et les échanges décentralisés basés sur un teneur de marché automatisé (*Automated Market Maker*/AMM).

2.1.1. Les échanges décentralisés (DEX) basés sur un carnet d'ordres

Les échanges décentralisés basés sur un carnet d'ordres sont des plateformes permettant à des acheteurs et à des vendeurs d'échanger des crypto-actifs selon un carnet d'ordres : la plateforme apparie les ordres d'achat et de vente en fonction du prix et de la priorité temporelle. Les transactions appariées sont ensuite exécutées sur la chaîne de blocs *via* des contrats intelligents qui garantissent la sécurité.

2.1.2. Les échanges décentralisés (DEX) basés sur un teneur de marché automatisé (AMM)

Au lieu d'utiliser un carnet d'ordres, les plateformes de DEX les plus récentes préfèrent se baser sur un teneur de marché automatisé (AMM) : contrairement au carnet d'ordres traditionnel, le « taux de change » entre les crypto-actifs est cette fois déterminé de façon algorithmique grâce à l'utilisation de *pools* (réserves) de liquidité. Dans un système de carnet d'ordres, c'est l'appariement des ordres par les acheteurs et les vendeurs qui détermine le taux de change. Dans un protocole AMM, ce dernier est défini algorithmiquement en fonction de la liquidité du *pool* (Mohan, 2022 ; Xu *et al.*, 2023).

Un *pool* de liquidité fait intervenir deux types d'agents : les fournisseurs de liquidité (*liquidity providers*) et les traders (*liquidity takers*). Les fournisseurs de liquidité fournissent des réserves d'actifs au protocole (voir *infra* 2.3.2). Quant aux traders, ils utilisent l'AMM pour échanger une quantité donnée d'un crypto-actif contre un autre (Bergault *et al.*, 2024).

2.2. Les prêts et emprunts

Au lieu de se rendre dans un établissement bancaire pour contracter un prêt, la finance décentralisée permet d'emprunter et de prêter directement dans un réseau de pair à pair.

2.2.1. Le prêt-emprunt collatéralisé (*lending*)

Le prêt-emprunt collatéralisé est un mécanisme qui permet aux particuliers de prêter et d'emprunter des crypto-actifs sans intermédiaire. Il met en jeu deux types d'acteurs : les prêteurs et les emprunteurs (graphique 3). Les prêteurs déposent des liquidités (des crypto-actifs) sur une plateforme décentralisée. Ces liquidités vont servir à accorder des prêts à des emprunteurs *via* un contrat intelligent. Le prêt est assorti d'intérêts pour le prêteur ; le taux d'intérêt est calculé de façon algorithmique à partir des conditions du marché.

Les emprunteurs quant à eux doivent impérativement déposer, sur la plateforme, un collatéral afin de pouvoir emprunter. Le collatéral est constitué d'actifs numériques qu'un emprunteur fournit à un prêteur, en guise de garantie, et qui sont verrouillés dans un contrat intelligent. Les protocoles exigent généralement une sur-collatéralisation des prêts afin de minimiser le risque d'exposition en cas de défaut. Si l'emprunteur ne rembourse pas le prêt dans les délais fixés, le contrat intelligent peut être programmé pour liquider automatiquement le collatéral et rembourser le prêteur.

Le prêt collatéralisé est très proche de la pension livrée[2] (*repurchase agreement* ou *repo*) en finance traditionnelle, dans la mesure où il est garanti par un dépôt de collatéral qui permet au prêteur d'atténuer les risques liés à la forte volatilité des crypto-actifs et de se couvrir contre le risque de défaut de l'emprunteur. Aave, Compound et Alchemix sont des exemples de plateformes de prêt-emprunt.

Parmi les avantages du prêt collatéralisé, il faut évoquer tout d'abord la rapidité d'exécution. Le prêteur injecte instantanément les fonds et est récompensé par des versements d'intérêts hebdomadaires ou mensuels. Par ailleurs, il s'agit d'un investissement intéressant car les taux d'intérêt sont supérieurs à ceux de la finance traditionnelle ; les rendements peuvent ainsi aller jusqu'à 10 % lors des périodes fastes. Enfin, le système est transparent et présente une égalité de traitement. Cela peut être une solution intéressante pour toutes les personnes qui n'ont pas accès aux services de la finance traditionnelle. Par ailleurs, la finance décentralisée permet à toutes les personnes ayant un portefeuille de crypto-actifs d'avoir accès au prêt sans vérification d'identité, c'est-à-dire sans la nécessité du processus « Connaissez votre client » (KYC/ *Know Your Customer*).

2. La pension livrée (*repository agreement*) est un accord entre deux parties dans lequel l'une vend des titres à l'autre avec l'engagement de les racheter à une date ultérieure à un prix convenu, en général pour assurer un besoin de liquidités à court terme.

Graphique 3 : **Fonctionnement du prêt-emprunt collatéralisé**

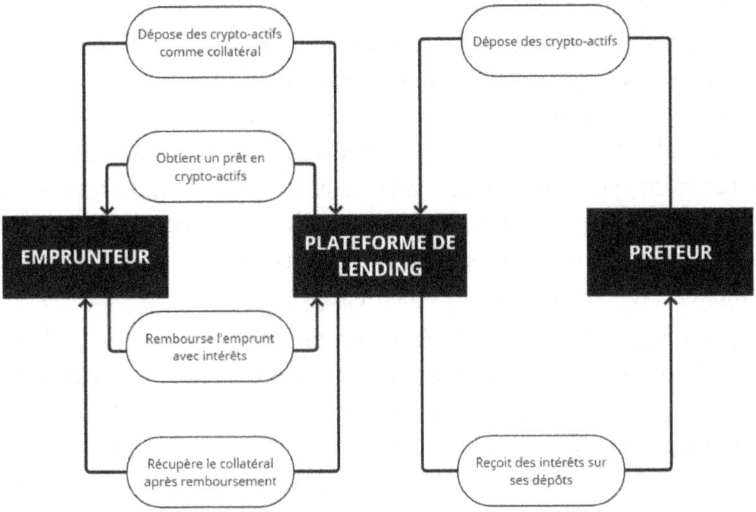

L'attrait du prêt-emprunt collatéralisé ne doit pas masquer les risques encourus et tout d'abord l'appel de marge qui est déclenché lorsque la valeur de la garantie déposée est en baisse. Ainsi, si le ratio LTV (*loan to value*), c'est-à-dire le taux entre le montant du prêt et le montant de la garantie exprimé en pourcentage tombe en-deçà du taux convenu, les emprunteurs doivent soit déposer davantage de garanties pour faire baisser le LTV, soit risquer une liquidation. Un autre risque est celui de l'illiquidité du collatéral. Lorsque les crypto-actifs sont déposés, ils deviennent généralement illiquides et non récupérables avant une longue période. Si une chute brutale du cours de l'Ethereum intervient, il ne sera pas possible de vendre rapidement les jetons Ethereum et il faudra accepter la perte en valeur de ces derniers. Enfin, les plateformes décentralisées ne sont pas règlementées comme les banques traditionnelles et ne proposent donc pas le même niveau de sécurité. Le risque de piratage est très courant. Les faillites en chaîne de géants américains spécialisés dans le prêt collatéralisé en crypto-actifs en 2022 et 2023, notamment FTX, Celsius, BlockFi, Terra (Luna) ou Genesis suscitent de vives inquiétudes, circonscrites au monde des crypto-actifs et liées à une finance non régulée. Ces faillites résultent notamment de la complexité des montages utilisés par rapport à la finance traditionnelle d'une part et aux risques immodérés pris pour maximiser les rendements d'autre part, sans compter la fraude.

2.2.2. Le prêt-emprunt sans collatéral (*flash loan*)

Le prêt-emprunt sans collatéral (*flash loan*) est apparu pour la première fois en 2019. Ce type de prêt, appelé également prêt instantané, permet d'emprunter des crypto-actifs instantanément sans déposer de collatéral ou garantie, à condition de rembourser le prêt dans la même transaction sur la chaîne de blocs. Il n'exige pas d'intérêts mais une commission unique et très faible. Si l'emprunteur ne rembourse pas le prêt, toutes les transactions effectuées sont annulées. L'opération se déroule dans un temps très court, généralement quelques secondes. Le fonctionnement d'un emprunt sans collatéral repose sur les contrats intelligents.

Les prêts-emprunts sans collatéral sont la plupart du temps utilisés à des fins d'arbitrage ou de spéculation entre plateformes. Les utilisateurs peuvent par exemple réaliser des bénéfices en arbitrant entre les écarts de taux de change des crypto-actifs sur les différentes plateformes d'échange décentralisées. Le principal avantage de cette forme de prêt est l'absence de risque de contrepartie.

Toutefois, de récentes attaques ont révélé que cette forme de prêt est une excellente source de liquidités pour les cybercriminels. En juin 2020, le protocole Balancer a subi une attaque rendue possible par les prêts sans collatéral. Plus récemment, en février 2023, des cybercriminels se sont également appuyés sur des prêts sans collatéral pour dérober 9,5 millions de dollars à la plateforme d'échange de crypto-actifs Binance. Cette attaque a impliqué la manipulation de prix et des transactions complexes pour masquer les activités malveillantes[3]. Face à l'augmentation des piratages dans le secteur de la finance décentralisée, le FBI lance une alerte et prévient des dangers provenant de l'écosystème DeFi. Il recommande notamment aux développeurs des plateformes DeFi de renforcer la sécurité de leurs contrats intelligents et d'effectuer des audits réguliers par des tiers indépendants. Il conseille également aux utilisateurs et aux plateformes de surveiller les transactions en permanence pour tenter de détecter toute activité suspecte.

2.3. *Les différents types de placement*

La finance décentralisée permet d'effectuer des investissements dans les crypto-actifs avec des rendements attractifs, mais il ne faut pas négliger les risques qui y sont associés.

3. Les cybercriminels ont utilisé des prêts sans collatéral pour manipuler les prix des actifs sur des plateformes de finance décentralisée intégrées à Binance. En créant une fluctuation artificielle des prix, ils ont pu acheter des actifs à bas prix et les revendre à un prix plus élevé dans un temps très court. L'attaque a impliqué une série de transactions complexes, notamment des interactions avec différents protocoles DeFi pour masquer les activités malveillantes.

2.3.1. Le protocole du *staking* (« mise sous séquestre »)

Le protocole du *staking* consiste à déposer des jetons dans un contrat de séquestre durant une période donnée afin de contribuer au bon fonctionnement et à la sécurisation d'une chaîne de blocs. Cela permet de participer activement à la validation des transactions sur une chaîne de blocs de type preuve d'enjeu. Pour rappel, dans un système de preuve d'enjeu, le droit de créer un nouveau bloc dans la chaîne est proportionnel à la quantité d'actifs numériques que détient un validateur (voir chapitre 2). En échange de cette immobilisation des actifs numériques, l'utilisateur reçoit une récompense versée en crypto-actifs.

Le système de *staking* s'est progressivement développé vers le *liquid staking* car le *staking* traditionnel revêt un inconvénient majeur pour ceux qui veulent récupérer leur mise avant la fin de la période de verrouillage : une perte temporaire de liquidité. D'après l'AMF (2023), le *liquid staking* est un « *cas spécifique de staking pour lequel la récompense en échange d'un dépôt d'actifs est un jeton dit "de liquidité", qui peut ensuite être utilisé comme monnaie d'échange sur un protocole donné* ».

Alors que le *staking* est autorisé en Europe, il ne fait pas l'unanimité chez les régulateurs américains. Ainsi, en février 2023, la bourse de crypto-actifs Kraken a accepté d'une part de payer une pénalité de 30 millions de dollars à la *Securities and Exchange Commission* (SEC) « *pour l'offre non enregistrée et la vente de titres par le biais du staking* » et, d'autre part, de mettre fin à ses services de *staking* pour ses clients américains. Le patron de la SEC estime en effet que le *staking* ressemble beaucoup à un mécanisme de prêt et rentre dans le champ du « test de Howey ». Ce test, élaboré par la Cour suprême américaine, permet d'évaluer si certaines transactions constituent des contrats d'investissement, auquel cas elles sont soumises à des obligations spécifiques de divulgation et d'enregistrement en vertu des lois fédérales sur les valeurs mobilières. De même, en mars 2023, la SEC a rappelé à l'ordre la plateforme Coinbase pour son programme de *staking*. Ces sanctions relancent le débat sur la transparence des plateformes de crypto-actifs.

2.3.2. Le protocole de *yield farming* (« culture du rendement »)

Concentré sur le jeton de gouvernance COMP lancé par le protocole de prêt Compound Finance en juin 2020, le *yield farming* a envahi l'industrie des crypto-actifs. Ce protocole permet à un investisseur de générer des revenus passifs *via* des crypto-actifs stockés dans son portefeuille, et donc de maximiser son rendement. Le concept de revenu passif dans le domaine de la cryptologie consiste à générer des intérêts ou des récompenses sur des actifs numériques, tout en participant à l'innovation et à la croissance du secteur de la finance décentralisée.

Le fonctionnement du *yield farming* peut se décomposer en plusieurs étapes (graphique 4). Un investisseur va verrouiller ses actifs numériques dans des *pools* de liquidité[4]. Une fois verrouillés, ces actifs sont mis à la disposition d'autres utilisateurs du même protocole à titre d'emprunt. En contrepartie du maintien de la liquidité des crypto-actifs, les investisseurs reçoivent une récompense exprimée sous la forme d'un rendement annuel en pourcentage (*Annual Percentage Yield*/APY) [5]. Le *yield farming* s'appuie sur les teneurs de marché automatisés (voir section 2.1.2).

Graphique 4 : **Fonctionnement du *yield farming***

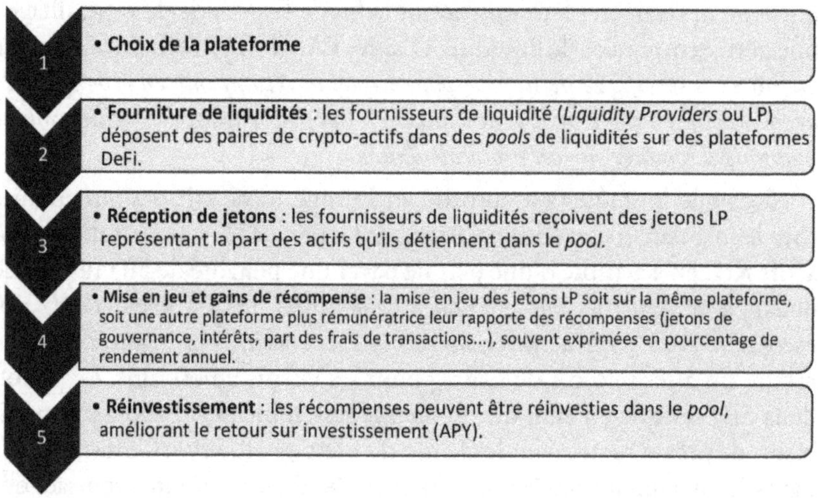

Même si le *yield farming* propose des rendements attractifs, il est crucial d'être conscient des trois principaux risques qu'il recèle. Un premier risque est lié à la perte temporaire de valeur (*impermanent loss*) que les fournisseurs de liquidité peuvent subir lorsque la valeur des jetons dans un *pool* de liquidité change par rapport à leur valeur au moment du dépôt initial. La perte est éphémère car elle n'est réalisée que si le fournisseur de liquidité procède au retrait des fonds du *pool*. Le deuxième risque tient à la vulnérabilité des contrats intelligents : des failles dans leur code peuvent être exploitées, entraînant une perte de fonds ou une manipulation des

4. Un *pool* de liquidité est une réserve de jetons numériques bloqués et contrôlés par un contrat intelligent, qui permet aux utilisateurs d'échanger des jetons sans avoir besoin d'une contrepartie appropriée.

5. L'APY *(Annual Percentage Yield)* désigne un taux de rendement réel sur un investissement, qui comprend à la fois les intérêts sur le montant principal et les intérêts accumulés.

récompenses. Début février 2022, le pont[6] Wormhole entre la chaîne de blocs Solana et la chaîne de blocs Ethereum a été victime d'un piratage. Le cybercriminel a réussi à émettre frauduleusement de nombreux crypto-actifs ETH sur Solana et les a échangés contre des actifs sur Ethereum, vidant de fait l'intégralité du contrat intelligent de Wormhole. Au total, 326 millions de dollars ont été dérobés lors de cette attaque. Début 2022, Vitalik Buterin, l'inventeur d'Ethereum avait donné l'alarme sur les risques systémiques engendrés par les ponts, ce qui n'a pas empêché plusieurs autres piratages de ponts, entraînant d'énormes pertes. Comme troisième risque, l'arnaque aux cyberjetons (*rug pull* qui signifie littéralement « le tirage de tapis ») consiste pour le développeur d'un projet de crypto-actifs à l'abandonner soudainement en emportant avec lui l'argent des investisseurs. Au total, bien que le *yield farming* offre des opportunités de rendements, les investisseurs doivent rester très vigilants face aux risques et à la volatilité du marché.

2.3.3. Le *liquidity mining* (« minage de liquidités »)

Les concepts *yield farming* et *liquidity mining* sont très souvent confondus, pourtant ils ne sont pas équivalents (tableau 1). Le *yield farming* englobe une gamme plus large de stratégies et de protocoles DeFi pour générer des rendements, tandis que le *liquidity mining* est spécifiquement dédié à la fourniture de liquidité à des protocoles en échange de récompenses en jetons.

Tableau 1 : **Comparaison entre *yield farming* et *liquidity mining***

Critères	*Yield Farming*	*Liquidity Mining*
Définition	Pratique de verrouillage des crypto-actifs dans des protocoles de chaînes de blocs pour percevoir des revenus passifs	Pratique consistant à ajouter des crypto-actifs aux pools de liquidité des protocoles de finance décentralisée
Objectif	Maximiser les rendements à travers différentes stratégies d'investissement	Inciter les utilisateurs à fournir de la liquidité en offrant des récompenses en jetons
Technologie sous-jacente	Teneurs de marché automatisés	Contrats intelligents
Récompenses	Rendement annuel en % sur les actifs verrouillés par les investisseurs	Récompenses en jetons pour les fournisseurs de liquidité
Degré de complexité	Peut impliquer des stratégies complexes, y compris le déplacement de fonds entre plusieurs protocoles pour optimiser les rendements	Plus simple, consiste principalement à fournir de la liquidité à un pool

6. Un pont (*bridge*) est un protocole qui permet de transférer des actifs numériques – et donc d'améliorer l'interopérabilité – entre différentes chaînes de blocs.

2.4. *Les produits dérivés décentralisés* (decentralised derivatives) *ou produits dérivés sur crypto-actifs*

Avec l'essor du marché des crypto-actifs, les contrats à terme, qui appartenaient jusqu'à présent aux marchés financiers traditionnels, ont été introduits dans l'industrie des crypto-actifs. Ainsi, l'écosystème de la finance décentralisée propose l'ensemble des produits dérivés traditionnels avec un sous-jacent en crypto-actifs. Ces produits dérivés décentralisés peuvent inclure des options, des contrats à terme (*futures*), des contrats d'échange (*swaps*), et d'autres instruments financiers. À la différence du produit dérivé traditionnel, le produit dérivé décentralisé est exécuté sur une plateforme décentralisée à l'aide d'un contrat intelligent, sans avoir besoin d'un courtier.

Le marché des produits dérivés sur crypto-actifs a explosé ces dernières années. L'effet de levier[7] et la couverture de risque[8] (*hedging*) qui caractérisent ces instruments financiers ont poussé les investisseurs à les utiliser. Au sein de la finance décentralisée, les contrats à terme et les options ont la faveur des investisseurs.

2.4.1. Les contrats à terme

Parmi les contrats à terme, il faut distinguer ceux dits à échéance et ceux qui sont perpétuels.

Le contrat à terme, dit à échéance, est un contrat par lequel deux parties s'engagent à acheter (ouvrent une position longue) ou à vendre (ouvrent une position courte) une quantité donnée d'un sous-jacent en crypto-actifs à une date déterminée et à un prix fixé à l'avance. Il permet d'anticiper à la hausse ou à la baisse les variations futures de prix du sous-jacent en crypto-actifs et peut donc servir à couvrir un portefeuille contre les fluctuations à venir du marché.

Le contrat à terme perpétuel est spécifique au marché des crypto-actifs. Il offre un effet de levier plus élevé que les contrats à terme traditionnels, qui permet aux investisseurs de contrôler une position beaucoup plus grande sur un actif que leur investissement initial (encadré 1). Ses mécanismes sont similaires à ceux des contrats à terme, à l'exception du fait que le contrat à terme perpétuel n'a pas de date d'échéance. Les opérateurs peuvent maintenir une position aussi longtemps qu'ils le souhaitent. Pour s'assurer que le prix du contrat perpétuel reste proche du prix au comptant de l'actif sous-jacent, il existe un mécanisme appelé « taux de financement » (*funding rate*). Il s'agit d'un paiement régulier entre acheteurs et vendeurs.

7. Effet de levier : multiplicateur des gains et des pertes.
8. La couverture de risque (*hedging*) consiste à détenir deux positions ou plus en même temps afin de compenser les pertes d'une position grâce aux gains d'une autre.

Si le prix du contrat à terme perpétuel est supérieur au prix au comptant (taux de financement positif), les acheteurs devront payer les vendeurs. Si le prix du contrat à terme perpétuel est inférieur au prix au comptant (taux de financement négatif), les vendeurs devront payer les acheteurs. Cette situation peut inciter certains acheteurs à réduire leurs positions, poussant ainsi le prix du contrat perpétuel à converger vers le prix au comptant.

Encadré 1

Le contrat à terme perpétuel : une illustration simplifiée

Anne souhaite ouvrir une position longue sur le bitcoin, c'est-dire acheter du bitcoin avec l'anticipation qu'il va s'apprécier dans le futur. Elle choisit d'acheter un contrat à terme perpétuel afin d'utiliser l'effet de levier.

Hypothèses

- Actif sous-jacent : bitcoin (BTC)
- Prix au comptant du BTC : 50 000 dollars/BTC
- Effet de levier : 10
- Capital initial détenu par Anne (et déposé sur son compte) : 1 000 dollars
- Taux de financement : 0,01 % toutes les 8 heures.
- Marge de maintien : 600 dollars.

Anne ouvre une position longue (achat)

- Anne pense que le prix du bitcoin va augmenter. Elle ouvre une position longue : avec un effet de levier de 10, pour un capital initial de 1 000 dollars, elle peut ouvrir une position totale de 10 000 dollars. Au prix de 50 000 dollars/BTC, elle achète 0,2 BTC.

Taux de financement

- Le taux de financement est de 0,01 % toutes les 8 heures, ce qui signifie que les acheteurs en position longue doivent payer le taux de financement aux vendeurs tant que le marché est haussier (le prix des contrats à terme est supérieur au prix au comptant). Ainsi, Anne doit payer 1 dollar toutes les 8 heures (0,01 % x 10 000).

1er cas : scénario haussier

- Supposons que le cours du BTC passe à 55 000 dollars au bout de 48 heures. La position ouverte par Anne vaut à présent : 0,2 x 55 000 = 11 000 dollars (quantité de BTC x nouveau prix).
- Profit net total = valeur de la position finale - valeur initiale de la position - coût de financement
- Le coût de financement au bout de 48 heures est de 6 dollars (6 x 1 dollar)
- Son profit net total est donc de : 11 000 - 10 000 - 6 = 994 dollars : c'est la somme qu'Anne gagnera si elle choisit de clôturer sa position, soit un taux de rendement de 994/ 1 000 = 99,4 % grâce à l'effet de levier.

2e cas : scénario baissier

- Supposons cette fois que le cours du BTC passe de 50 000 à 48 000 dollars au bout de 48 heures. La position ouverte par Anne vaut : 0,2 x 48 000 = 9 600 dollars.
- Le coût de financement est inchangé par rapport au 1er cas.
- La profit total d'Anne est cette fois de : 9 600 - 10 000 - 6 = -406 dollars, autrement dit une perte latente.
- La position reste ouverte tant que la marge de maintien reste au-dessus d'un montant défini initialement. Dans le cas d'Anne, le solde du compte après perte latente (1 000 - 406 = 594 dollars) est inférieur à la marge de maintien exigée (600 dollars) : Anne reçoit donc un appel de marge (lui demandant d'abonder son compte), faute de quoi sa position sera automatiquement liquidée par le protocole.

2.4.2. L'option sur crypto-actif

L'option sur crypto-actif est un type de contrat dérivé qui confère le droit d'acheter ou de vendre un sous-jacent en crypto-actifs à un terme et à un prix déterminé (appelé le prix d'exercice) contre le paiement immédiat d'une prime. Il existe deux types d'options : l'option d'achat (*call*) et l'option de vente (*put*). L'option d'achat confère le droit à son détenteur d'acheter, à un prix convenu et à un moment déterminé, une quantité définie de sous-jacent en crypto-actifs. L'option de vente confère le droit à son détenteur de vendre, à un prix convenu et à un moment déterminé, une quantité définie de sous-jacent en crypto-actifs.

Les options sont fondamentalement différentes des contrats à terme. La différence principale entre le contrat à terme et l'option est la suivante : un contrat à terme oblige à acheter ou à vendre un sous-jacent en crypto-actif à la date d'expiration, alors qu'une option permet d'acheter ou de vendre avant ou à la date d'expiration, mais sans aucune obligation. Ce droit n'est pas gratuit. Pour acquérir une option sur crypto-actif, l'acheteur doit verser une prime au vendeur.

Bien qu'offrant des avantages en termes de transparence et d'accessibilité, les produits dérivés décentralisés comportent également des risques : le risque de liquidité, le risque de sécurité (les failles de sécurité dans les contrats intelligents peuvent entraîner la perte de fonds), le risque de volatilité et le risque règlementaire.

2.5. L'assurance décentralisée

Une assurance décentralisée désigne une assurance née de l'application de la chaîne de blocs au domaine de l'assurance. Des protocoles d'assurance décentralisés sont développés à l'aide de contrats intelligents, de *pools* de liquidité ou encore d'organisations autonomes décentralisées (DAO). L'assurance décentralisée vise à remplacer certains types de contrat d'assurance traditionnels ou à couvrir des risques propres aux activités de la finance décentralisée. Une assurance traditionnelle est administrée par l'intermédiaire d'une entité centralisée : la compagnie d'assurance. En cas de sinistre, l'assuré doit prouver que le sinistre s'est bien produit et que son recours est justifié. L'assureur fait appel à des experts pour vérifier la déclaration de sinistre et déterminer le montant de l'indemnisation. Contrairement à l'assurance traditionnelle, l'assurance décentralisée utilise la plupart du temps des fournisseurs de liquidités, appelés souscripteurs. Ces derniers mettent en commun leurs fonds dans un *pool*. En échange de leur contribution, ils reçoivent une part des primes d'assurance payées par les utilisateurs. Un autre groupe d'acteurs importants dans cet écosystème est celui des détenteurs de jetons de gouvernance dont la participation assure la transparence et l'équité pour tous les assurés. Enfin, il y a les assurés qui achètent des polices d'assurance.

De l'avis de certains experts, l'assurance paramétrique, appelée aussi assurance indicielle, constituerait une pratique innovante dans le domaine de l'assurance décentralisée. Des experts parlent de révolution dans l'assurance. Dans ce type de contrat, le déclenchement de l'assurance et le paiement des indemnités s'effectuent de manière transparente et automatisée au moment où le sinistre survient, et non à la suite de la déclaration de sinistre et de son traitement par l'assureur, comme c'est le cas dans l'assurance traditionnelle. L'assurance paramétrique fonctionne sur la base de paramètres prédéfinis. Dès que ces paramètres sont atteints, l'indemnisation se déclenche automatiquement grâce à un contrat intelligent, sans que l'assuré n'ait rien à prouver. Enfin, l'assurance décentralisée permet de s'assurer contre de nombreux risques et aléas liés à la finance décentralisée, notamment les piratages, failles ou erreurs dans un contrat intelligent.

2.6. *Les protocoles de financement participatif* (crowdfunding)

Le financement participatif est un mécanisme permettant de collecter des fonds auprès d'un large public, le plus souvent *via* internet, afin de financer un projet créatif ou entrepreneurial. Il se présente sous différentes formes : des dons avec ou sans contrepartie, des prêts avec ou sans intérêt ou des souscriptions de titres.

De nombreux projets de financement participatif choisissent une forme de gouvernance décentralisée en raison des apports de la chaîne de blocs : élimination du besoin d'intermédiaires tels que les banques ou les plateformes de financement participatif, renforcement de la confiance grâce aux contrats intelligents, conservation sécurisée et transparence des transactions en raison de la technologie de registre distribué.

Malgré ses atouts, le financement participatif basé sur la chaîne de blocs se heurte à plusieurs défis qui font obstacle à son adoption généralisée : l'incertitude réglementaire, les problèmes d'évolutivité notamment en termes de capacité de traitement des transactions ainsi que la complexité de la chaîne de blocs, ou encore le manque d'interfaces conviviales qui pourraient décourager les utilisateurs traditionnels de prendre part à des campagnes de financement participatif.

2.7. *Les autres services financiers décentralisés*

2.7.1. Les marchés prédictifs décentralisés

Les marchés prédictifs décentralisés sont des marchés sur lesquels les investisseurs peuvent parier sur l'issue d'évènements futurs en s'appuyant sur des contrats intelligents basés sur la chaîne de blocs. Les paris peuvent porter sur n'importe quel sujet : l'évolution des prix des crypto-actifs, la probabilité de victoire d'un candidat lors de l'élection présidentielle, la météo future… Les participants sont financièrement récompensés pour avoir correctement prédit le résultat d'un événement futur.

Une fois le marché de prédiction créé, les participants peuvent acheter des parts de différents résultats d'événement en crypto-actifs. Le prix de ces parts fluctue en fonction de l'opinion collective sur la probabilité de chaque résultat : par exemple, si beaucoup de personnes croient qu'un certain candidat gagnera une élection, le prix des parts associées à ce résultat augmentera. Une fois l'événement réalisé, les contrats intelligents distribuent automatiquement les gains aux utilisateurs ayant parié sur le bon résultat : les gains sont proportionnels au nombre de parts détenues et à la mise initiale.

L'utilisation de contrats intelligents dans les marchés prédictifs offre plusieurs avantages : la mise en place de la transparence et de la confiance, l'amélioration de l'efficacité grâce à l'élimination du besoin d'intermédiaires et la rationalisation des processus pour des résultats plus rapides et plus précis. Bien que les marchés prédictifs procurent un moyen décentralisé et efficace pour prédire les résultats et allouer les ressources, il existe des défis qui pourraient compromettre l'intégrité des marchés tels que la manipulation par les créateurs de marché, le manque de liquidité et un accès inégal à l'information.

2.7.2. Les loteries « sans perdant » (*no-loss lotteries*)

Parmi les autres services financiers décentralisés, on trouve également la possibilité de participer à des loteries. Par exemple, PoolTogether est une loterie dans laquelle personne n'est lésé. Les participants à cette loterie déposent des crypto-actifs dans un *pool*, une sorte de cagnotte, pour une période fixe d'un à sept jours (*weekly* ou *daily pool*). Le déposant reçoit en retour un ou plusieurs tickets selon le montant déposé. Les crypto-actifs entreposés sont prêtés à des acteurs ayant besoin de liquidités, moyennant le paiement d'intérêts. Ces intérêts vont enrichir la cagnotte. À l'issue de la période, tous les participants seront remboursés et un gagnant, qui sera tiré au sort, recevra un gain supplémentaire issu des intérêts composés de la somme totale.

2.7.3. Les protocoles de gestion d'actifs et les protocoles de négociation de marge (*margin trading*)

Les protocoles de gestion d'actifs décentralisés sont basés sur la chaîne de blocs et permettent aux utilisateurs de gérer et d'investir leurs actifs de manière transparente et sans faire appel aux intermédiaires traditionnels.

Quant à la négociation de marge, elle permet aux utilisateurs du protocole de contracter des positions d'investissement beaucoup plus importantes (d'acheter de plus grandes quantités de crypto-actifs) en empruntant des fonds en plus de ses fonds propres. Cet effet de levier amplifie les gains potentiels, mais aussi les pertes. Le négociateur utilise des fonds empruntés auprès d'une plateforme d'échange ou d'un courtier pour réaliser ses opérations.

2.8. Les produits négociés en Bourse

2.8.1. Les ETF crypto-actifs : bitcoin, ether, et autres

L'Autorité des marchés financiers (AMF) définit l'ETF (*Exchange Traded Fund* ou « fonds négocié en Bourse »), également appelé *tracker*, comme « *un fonds indiciel qui cherche à suivre le plus fidèlement possible l'évolution d'un indice boursier, à la hausse comme à la baisse. Les ETF sont des fonds d'investissement émis par des sociétés de gestion et agréés* ». La particularité de l'ETF consiste à être coté en continu, c'est-à-dire que les investisseurs peuvent acheter ou vendre des parts d'ETF tout au long de la journée. L'ordre de Bourse (achat ou vente) est passé auprès de l'intermédiaire financier et ensuite il incombe à la société de gestion et au dépositaire de vérifier les achats et les ventes du fonds comme c'est le cas pour les placements collectifs. Selon les estimations de PwC (2024), la valeur des actifs gérés par les ETF pourrait dépasser 19 000 milliards de dollars en 2028 – contre 11 500 milliards fin 2023. Vanguard ou BlackRock sont les plus gros fonds d'investissement en ETF. Il existe plusieurs types d'ETF, parmi lesquels : 1) *les ETF sur indices de marché* qui répliquent la performance des indices actions tels que le CAC40, des indices sectoriels ou thématiques (énergie, banques, etc.) ou des indices d'obligations ; 2) *les ETF basés sur des indices de stratégie*, qui reproduisent la performance des indices intégrant des stratégies d'investissement plus sophistiquées ; 3) *les ETF avec effet de levier ou effet de levier inversé*, qui multiplient à la hausse comme à la baisse, les tendances de l'indice suivi.

– *Les ETF bitcoin :* l'émergence des ETF bitcoin, appelé aussi fonds négociés en Bourse sur le bitcoin, marque un croisement important entre la finance traditionnelle et l'écosystème des crypto-actifs. Les ETF bitcoin suivent le cours du bitcoin et permettent aux investisseurs d'exposer leur portefeuille à la performance du bitcoin sans avoir besoin d'acheter ou de gérer directement du bitcoin. Il en existe deux types principaux : les ETF bitcoin à terme et les ETF bitcoin au comptant.

Jusqu'au 10 janvier 2024, seuls les ETF bitcoin à terme – lancés aux États-Unis en 2021 – existaient sur le marché. Ces ETF, également connus sous le nom d'ETF basés sur des produits dérivés, suivent le prix du bitcoin par le biais de contrats à terme. Les contrats à terme prévoient l'achat ou la vente de bitcoin à une date et à un prix convenu à l'avance, en fonction de l'évolution future attendue du cours du bitcoin. Ils ont été conçus pour permettre à davantage de personnes d'investir dans le bitcoin sans subir les dépenses et les tracas nécessaires à leur achat direct. Bien que certains reconnaissent des avantages à investir dans les ETF bitcoin à terme, il existe également certains inconvénients tels que les erreurs de suivi, l'incertitude réglementaire, des problèmes de sécurité et de liquidité du marché à terme.

Le 10 janvier 2024, soit trois ans après l'approbation des premiers ETF bitcoin à terme, le commissaire de la Bourse américaine a approuvé l'entrée en Bourse des ETF bitcoin au comptant. Cette décision intervient après 10 ans de rejet – rejet qui s'explique par des problèmes liés à la protection des investisseurs – et après avoir perdu un procès intenté par Grayscale Investments. Contrairement aux ETF bitcoin à terme, un ETF bitcoin au comptant investit directement dans le bitcoin en tant qu'actif sous-jacent et non dans des contrats dérivés basés sur son prix. Le qualificatif « au comptant » fait référence à l'actif physique du bitcoin détenu par le fonds, ce qui signifie que l'ETF suit directement l'activité du bitcoin.

Aux termes de cette approbation d'introduction en Bourse, la SEC (Securities and Exchange Commission) a donné son feu vert à onze gestionnaires d'actifs dont BlackRock, Fidelity Investments, Ark Investment Management, Invesco, WisdomTree, Bitwise Asset Management, Valkyrie et Grayscale Investments pour être cotés en Bourse.

Certains experts estiment que l'introduction des ETF américains au comptant adossés au bitcoin renforce les liens entre le monde volatil des crypto-actifs et le système financier traditionnel, créant potentiellement de nouveaux risques imprévus. Pour Antonio Sánchez Serrano, économiste principal au Comité européen du risque systémique[9], les ETF pourraient « particulièrement exacerber » cette volatilité en période de tensions sur les marchés, ainsi que d'autres canaux par lesquels les ETF peuvent créer des risques systémiques. Enfin, les autres risques évoqués concernant

9. Le Comité européen du risque systémique est chargé de surveiller et d'analyser les risques systémiques au sein de l'UE dans son ensemble ou dans des parties de celle-ci.

ces nouveaux produits sont le danger de la concentration des bitcoins dans les mains d'un dépositaire principal, la « financiarisation » du bitcoin et la crainte de l'influence des gestionnaires d'actifs sur la gouvernance de la chaîne de blocs du bitcoin.

Il n'est pas possible de proposer des ETF bitcoin en Europe. En effet, outre la réglementation actuelle, notamment la directive européenne relative aux organismes de placement collectif en valeurs mobilières (OPCVM), les régulateurs et les banquiers sont encore réticents à l'idée de faciliter l'investissement dans les crypto-actifs *via* des ETF, eu égard à l'extrême volatilité de ces actifs numériques. Les ETF bitcoin approuvés par la SEC sont des produits uniquement accessibles à des investisseurs américains.

– *Les ETF ether* : les ETF ether à terme sont des fonds d'investissement qui suivent le prix d'un ether *via* des contrats à terme. Ces contrats sont des engagements d'acheter ou de vendre de l'ether à une date et à un prix convenu à l'avance, en fonction de l'évolution future attendue du cours de l'ether.

Contrairement aux ETF ether à terme, qui sont basés sur des prix futurs, l'ETF ether au comptant suit le prix en temps réel de l'ether sur les marchés. Cela signifie que les investisseurs peuvent accéder à ce crypto-actif sans avoir à détenir directement de l'ether dans un portefeuille. À l'instar des ETF bitcoin au comptant, la SEC a autorisé le lancement officiel des ETF ether au comptant le 23 juillet 2024. Notons néanmoins que deux mois après son lancement, l'ETF ether au comptant suscite un engouement très inférieur à celui de son équivalent bitcoin.

2.8.2. Les ETN bitcoin et ether

Le 11 mars 2024, le gendarme des marchés britanniques, la Financial Conduct Authority (FCA), a ouvert la porte à la cotation de produits financiers adossés à des crypto-actifs. Selon un communiqué, la Bourse de Londres (London Stock Exchange) accepte les demandes de billets négociés en Bourse (*Exchange Traded Notes/ETN*) en bitcoin et ether au second trimestre 2024.

Un ETN n'est pas un fonds, mais un titre de créance non garanti que les institutions financières émettent afin de suivre la performance d'un indice de marché, d'une matière première, d'une devise ou d'un autre actif spécifique (bitcoin ou ether). Il ne détient pas d'actifs sous-jacents comme le fait un ETF. Au lieu de cela, il promet une rémunération correspondant à la performance de l'actif de référence (moins les frais de gestion). Les billets négociés en Bourse sur un crypto-actif (ETN) permettent aux investisseurs d'investir dans les crypto-actifs tout en limitant les risques tels que le piratage de portefeuille (*wallets*) et les risques liés au stockage d'actifs. Cependant, et contrairement aux ETF, les investisseurs en ETN sont exposés au risque de crédit de l'émetteur. Si ce dernier fait défaut, les investisseurs peuvent perdre une partie ou la totalité de leur investissement. Ces produits seront réservés aux investisseurs professionnels car, selon le régulateur, ces produits ne conviennent pas aux particuliers en raison du risque important de perte en capital.

3. Les risques liés à la finance décentralisée

Dans un article de 2021 intitulé « *DeFi risks and decentralisation illusion* », Sirio Aramonte, Wengian Huang et Andreas Schrimpf identifient plusieurs types de vulnérabilités : des vulnérabilités techniques, financières, juridiques, ainsi qu'une vulnérabilité liée à l' « illusion de décentralisation ».

Ainsi, les risques liés à la finance décentralisée sont d'abord imputables à la technologie sous-jacente de la chaîne de blocs et aux applications dérivées comme les *smart contracts*. Bien que ces contrats soient supposés fonctionner automatiquement, des failles de programmation ou des erreurs peuvent être exploitées, conduisant à des pertes. De nombreux protocoles DeFi ont déjà été victimes de piratages ; parmi les failles les plus courantes, on trouve par exemple les attaques de « réentrée » (*reentrancy attack*) [10] ou les erreurs de logique (*logical bugs*) [11]. Mentionnons également les attaques par *flash loans*, où des emprunts instantanés et sans garantie sont utilisés pour manipuler le marché ou vider des *pools* de liquidité. Une autre vulnérabilité provient de la complexité des interconnexions entre les différents protocoles de finance décentralisée. L'interdépendance des protocoles à travers des prêts inter-protocoles augmente les risques systémiques : si un protocole échoue – par exemple, en raison d'une attaque ou d'une crise de liquidité –, cela peut avoir des répercussions en chaîne sur d'autres protocoles, provoquant une défaillance généralisée du système.

Concernant les risques juridiques, contrairement à la finance traditionnelle, la finance décentralisée fonctionne dans un cadre non réglementé, qui ne garantit pas la protection des investisseurs. Ces derniers sont exposés à des risques élevés sans recours en cas de fraude, d'escroquerie ou de défaillance technique. Les régulateurs s'inquiètent également des risques liés au blanchiment d'argent et à la non-conformité KYC (*Know Your Customer*), associés à l'impossibilité d'identifier les parties impliquées dans les transactions.

10. Voir chapitre 2.

11. Une erreur de logique dans la DeFi est une erreur dans la programmation d'un *smart contract*, qui fait que le contrat fonctionne de manière inattendue ou incorrecte. Cela peut permettre à des pirates de manipuler le système pour voler des fonds ou exploiter le protocole.

En outre, Sirio Aramonte et ses coauteurs dénoncent l' « illusion de décentralisation » : bien que la DeFi soit souvent présentée comme un système centralisé grâce à la technologie de la chaîne de blocs, elle repose en réalité sur un petit nombre d'acteurs clés, tels que les développeurs de protocoles et les opérateurs de plateformes. Ainsi, les jetons de gouvernance permettent à certains grands détenteurs d'exercer un contrôle disproportionné sur les décisions du protocole. Cela crée une centralisation cachée, car ces acteurs ont un pouvoir significatif pour influencer, voire manipuler le système.

Enfin, il existe un risque de liquidité et d'instabilité : la DeFi repose souvent sur des *pools* de liquidité pour son fonctionnement. En période de forte volatilité, ces *pools* peuvent devenir instables, et les participants peuvent retirer rapidement leurs fonds, ce qui amplifie la volatilité et le risque de panique sur le marché. En outre, grâce à des instruments spécifiques comme les contrats à terme perpétuel, la DeFi permet de prendre des positions avec un fort effet de levier, ce qui augmente les risques financiers.

*

* *

Nous avons décrit le mode de fonctionnement de la finance décentralisée, et le type de services auxquels elle offre l'accès. Ces services sont rendus possibles grâce à la technologie de la chaîne de blocs et aux contrats intelligents. Nous avons néanmoins montré que la finance décentralisée présentait des risques et qu'il restait encore des obstacles à surmonter afin qu'elle puisse s'imposer comme une alternative viable et innovante aux services financiers traditionnels.

La nature ouverte de la finance décentralisée permet une inclusion plus forte, grâce à une élimination des barrières d'entrée souvent présentes dans la finance traditionnelle. Elle est un nouveau mode opératoire par lequel des activités et services sont proposés. Toutefois, il y a de nombreuses raisons de douter que la cryptographie puisse démocratiser la finance. La plupart des services, notamment les plateformes de prêt en crypto-actifs, exigent des montants importants en crypto-actifs pour garantir des prêts, de sorte qu'ils excluent *de facto* ceux qui n'ont pas d'actifs financiers au départ.

Chapitre 5

Crypto-actifs et stabilité monétaire et financière

En novembre 2022, la faillite de FTX, une plateforme d'échange de crypto-actifs, a mis en lumière les risques considérables que posent les crypto-actifs et la finance décentralisée pour la stabilité monétaire et financière. D'importants défis vont se présenter aux législateurs, concernant la sécurité du marché financier et de ses utilisateurs. Eu égard à la grande volatilité, à la complexité des produits et à leur accès peu ou pas encadré, certains évoquent une grave menace pour la stabilité financière, des craintes pour la souveraineté des banques centrales, et des conséquences néfastes sur la conduite et l'efficacité de la politique monétaire.

En instaurant une concurrence entre la monnaie publique et les crypto-actifs, les technologies numériques ne vont-elles pas déstabiliser l'ordre monétaire et financier ? Après avoir montré les risques que les actifs numériques font peser sur la stabilité financière et sur la souveraineté monétaire, nous décrivons et analysons la régulation mise en œuvre, ainsi que ses limites.

1. L'ordre monétaire et financier en péril ?

1.1. Le déploiement des crypto-actifs, une menace pour la stabilité financière

1.1.1. La stabilité financière : une mission essentielle des banques centrales

L'usage du concept « stabilité financière » s'est généralisé depuis le déclenchement de la crise financière de 2008. La BCE décrit la stabilité financière comme la situation dans laquelle « *le système financier est en mesure de résister aux chocs sans perturbation majeure* » (BCE, 2008). Par système financier, il faut entendre le réseau de connexions entre différents acteurs : les intermédiaires entre prêteurs et emprunteurs (les banques et les compagnies d'assurance), les marchés financiers (marchés monétaire et obligataire), et les infrastructures des marchés financiers (systèmes de paiement et de règlement de titres).

La stabilité financière vise ainsi à maintenir un système financier robuste, fonctionnant efficacement en toutes circonstances, y compris en situation de crise. Veiller à la stabilité financière consiste à mener trois types d'actions (Banque de France, 2020) : premièrement, identifier et anticiper les risques; deuxièmement, décider de mesures et de réglementations macroprudentielles spécifiques aux risques identifiés; troisièmement, assurer la coordination nécessaire à l'échelle nationale, européenne et internationale pour écarter les incohérences et les différences entre les réglementations.

La stabilité financière est l'une des missions essentielles des banques centrales qui a été renforcée après la crise des *subprimes* de 2008. En France, le législateur a confié à la Banque de France la responsabilité de veiller à la stabilité financière en 2013, conjointement avec le Haut Conseil de stabilité financière (HCSF) qui exerce la surveillance du système financier dans son ensemble. L'Autorité de contrôle prudentiel et de résolution, adossée à la Banque de France, assure quant à elle le contrôle des banques et des assurances ainsi que la protection de la clientèle.

Dans la mesure où la stabilité financière est un enjeu international, plusieurs institutions internationales y concurrent également : la Banque des Règlements Internationaux (BRI) qui regroupe les gouverneurs des 63 banques centrales dans le monde (dont la Banque de France), le Conseil de stabilité financière au niveau du G20, et le Conseil européen du risque systémique (CERS), hébergé et présidé par la Banque centrale européenne.

1.1.2. Les risques des crypto-actifs pour le système financier

La croissance explosive des crypto-actifs depuis fin 2020 et leurs interconnexions croissantes avec d'autres parties du système financier ont conduit à un débat politique mondial sur les dangers des crypto-actifs pour le système financier. Les organisations comme le Fonds monétaire international, le Conseil de stabilité financière, la Banque centrale européenne, l'ESMA (*European Securities and Markets Authority*) ou encore la BRI déclarent unanimement que le phénomène de « cryptoïsation » pourrait à terme représenter une menace pour la stabilité financière mondiale en raison de son ampleur, de ses vulnérabilités structurelles, de l'interdépendance avec le système financier traditionnel et de l'absence de réglementation et de supervision.

Les vulnérabilités de l'écosystème des crypto-actifs pesant sur la stabilité financière sont triples : une forte concentration, des risques de liquidité élevés, ainsi qu'une forte exposition aux risques du marché.

Premièrement, le marché des crypto-actifs est très concentré. Le bitcoin et l'ether représentent à eux seuls environ 67 % de la capitalisation boursière des crypto-actifs (respectivement 50 % et 17 %) au premier trimestre 2024 (chapitre 1), et les cinq premiers crypto-actifs (bitcoin, ether, tether, BNB et solana) représentent 80 % de la capitalisation. Par ailleurs, un petit nombre de portefeuilles détient une proportion disproportionnée de crypto-actifs : dans le cas du bitcoin, environ 10 000 portefeuilles individuels (0,01 % des détenteurs) contrôlaient environ 5 millions de bitcoins, soit près d'un tiers des bitcoins en circulation fin 2020 (Makarov et Schoar, 2021). Mi-2024, les 100 plus grandes adresses bitcoin – les « baleines » (*whales*) – détenaient environ 15 % de tous les bitcoins en circulation[1]. De façon similaire, le minage de bitcoins est une activité très concentrée : seulement 0,1 % (environ 50 mineurs) contrôlaient 50 % de la capacité de minage fin 2020 (Makarov et Schoar, 2021). Enfin, le marché est structuré autour de quelques plateformes d'échange comme Binance, Coinbase, Huobi, ou Kraken. Pour étudier plus en détail la concentration du volume de transactions sur quelques plateformes, l'ESMA (2024) calcule l'évolution de la concentration du marché à partir de l'indice de Herfindahl-Hirschman (HHI). Entre 2019 et 2023, l'indice montre que le marché des crypto-actifs[2] est passé de « concurrentiel » à « fortement concentré », et que la part de marché des cinq plus grandes plateformes est passée de 54 à 73 % (ESMA, 2024), *a fortiori* depuis la faillite de la plateforme FTX. Or, cette concentration est problématique : les crypto-actifs sont aujourd'hui principalement gérés par des sociétés privées qui agissent comme des institutions financières traditionnelles… mais sans être réglementées.

Une deuxième vulnérabilité provient du risque de liquidité élevé : si un investisseur souhaite vendre une grande quantité de crypto-actifs, il pourrait être impossible de trouver suffisamment d'acheteurs sans faire baisser le prix des crypto-actifs de manière significative. Or, dans des conditions de marché très dégradées, une faible liquidité peut contribuer à une spirale baissière des prix, amplifiant les pertes pour les investisseurs et pouvant entraîner des risques systémiques pour l'ensemble du marché. Par ailleurs, les plateformes ne sont pas égales en termes de liquidité : comme le montre la différence entre cours acheteur et cours vendeur, les plus grandes

1. D'après le site bitinfocharts.com. On désigne sous le nom de « baleines » les individus ou sociétés qui détiennent les plus gros portefeuilles de crypto-actifs. Dans l'univers du bitcoin, il s'agit des portefeuilles détenteurs de plus de 1 000 BTC.

2. Il s'agit de la concentration des plateformes de crypto-actifs, mesurée par le volume des transactions.

plateformes sont les plus liquides ; en outre, à l'exception du bitcoin et de l'ether, tous les autres actifs enregistrent des volumes d'échange nettement inférieurs et des écarts plus importants, indiquant une liquidité plus faible (ESMA, 2024).

Le troisième type de risque est lié à la forte exposition aux risques de marché : l'investisseur s'expose en investissant sur un marché non réglementé, volatil et spéculatif. La volatilité du bitcoin et de l'ether est présentée au chapitre 1. Le cadre réglementaire incertain est également créateur d'une incertitude juridique qui augmente le risque de marché. Les annonces de nouvelles régulations ou interdictions sur les crypto-actifs dans certains pays ont également un impact important sur les prix des crypto-actifs. Le risque technologique (vulnérabilités de la chaîne de blocs) contribue également à exacerber la volatilité.

Ces risques se sont typiquement matérialisés en 2022, lorsque le marché des crypto-actifs a accusé une chute brutale de sa valorisation. Emblème de cette chute, en mai 2022, le *stablecoin* algorithmique TerraUSD (UST) s'est effondré en quelques jours, perdant 75 % de sa valeur totale verrouillée (*Total Value Locked*, voir chapitre 4). TerraUSD (UST) était conçu pour maintenir une parité avec le dollar américain (1 UST = 1 USD) grâce à un mécanisme impliquant le jeton natif de la chaîne Terra, le Luna[3]. Que s'est-il donc passé ? Selon les réseaux sociaux, l'effondrement de Terra serait dû à une attaque coordonnée, avec des retraits massifs sur Anchor, un protocole de prêt basé sur Terra, ainsi qu'à une attaque de *pool* de liquidité (Briola *et al.*, 2023). Les retraits ont entraîné une crise de liquidité, une baisse de la parité du *stablecoin* UST et la perte de son ancrage au dollar. Pour éviter l'effondrement de l'UST, le protocole a tenté d'émettre une énorme quantité de Luna, sans succès : non seulement le prix de Luna s'est effondré, par ailleurs l'UST n'a pas réussi à retrouver son ancrage. En quelques jours, l'UST et le Luna ont perdu presque toute valeur : entre le 5 mai 2022 et le 13 mai 2022, l'UST a vu sa valeur passer de 1 à 0,2 dollar, et le Luna de 87 à 0,00005 dollar.

Cet effondrement a entraîné des conséquences multiples. De nombreux projets et applications décentralisées construits sur le réseau Terra ont vu la valeur de leurs jetons chuter ; certains projets ont dû fermer ou migrer vers d'autres chaînes de blocs. Par ailleurs, l'effondrement a entamé la confiance dans les crypto-actifs, déclenchant des ventes généralisées sur l'ensemble du marché et accélérant le début d'un « hiver des crypto-actifs ». Principale conséquence « en chaîne », l'été 2022 a été caractérisé par la

3. Lorsque le cours de l'UST déviait de la parité 1 UST = 1 USD, les comportements d'arbitrage avec le Luna permettaient de rétablir l'équilibre : quand l'UST valait plus que 1 USD, des jetons Luna étaient détruits pour augmenter l'offre d'UST (et inversement lorsque l'UST valait moins de 1 USD).

faillite de nombreux acteurs importants à fort effet de levier, tels que Three Arrows Capital. Ce dernier, qui finançait à hauteur de 10 milliards de dollars l'écosystème des crypto-actifs, était particulièrement exposé au *stablecoin* TerraUSD et à Luna. Il s'est ainsi trouvé dans l'impossibilité de rembourser ses dettes contractées auprès de 27 entreprises, dont les plateformes de prêt Celsius et Voyager Digital, lesquelles ont fait faillite en juin et juillet 2022, respectivement. L'épisode Terra/Luna illustre bien l'effet de contagion au sein de l'écosystème des crypto-actifs.

Directement liée à la faillite du protocole Terra, la faillite de la plateforme FTX en novembre 2022 a accentué la chute du marché des crypto-actifs (voir encadré 1). La chute de FTX a ravivé la défiance sur les crypto-actifs et les craintes de ses répercussions sur les marchés financiers traditionnels. La faillite de FTX s'est propagée à d'autres acteurs du secteur dont la plateforme BlockFi qui s'est déclarée en faillite le 28 novembre 2022, après avoir emprunté 275 millions de dollars à FTX sous forme de crypto-actifs FTT. Heureusement, ces phénomènes ne se sont pas propagés au système financier traditionnel, eu égard à la taille modeste du marché et des faibles interconnexions entre les acteurs financiers traditionnels et l'écosystème des crypto-actifs. Cela étant, même si les chocs survenus en 2022 ne se sont pas répandus dans le reste de l'économie, ces graves incidents ont montré qu'il fallait rester très prudent et qu'il était plus que nécessaire de surveiller étroitement le développement des crypto-actifs et de mettre en place un cadre réglementaire adapté afin de protéger les investisseurs et d'atténuer les risques pour la stabilité.

Encadré 1

La faillite de la plateforme FTX

FTX, la plateforme fondée par Sam Bankman-Fried en mai 2019 et basée aux Bahamas, est rapidement devenue la troisième plateforme d'échange centralisée (CEX) des crypto-actifs, comptant un million d'utilisateurs. La société FTX est à la fois une plateforme d'échange spécialisée dans les contrats à terme ainsi que dans les produits dérivés de crypto-actifs et émettrice d'un jeton natif appelé FTT. Sa valorisation en Bourse atteignait 32 milliards de dollars début 2022. Entre mai et juillet 2022, lorsque déferle une vague de faillites parmi les prêteurs de crypto-actifs, FTX intervient pour aider BlockFi et Voyager, ce qui lui vaut la réputation d'être un acteur solide. FTX va pourtant faire faillite en novembre 2022.

Le 2 novembre 2022, le site CoinDesk révèle que sur 14,6 milliards de dollars d'actifs détenus par Alameda Research, société sœur fondée et dirigée par Bankman-Fried, 40 % sont des FTT, des jetons natifs de FTX. Cela met en lumière la fragilité d'Alameda Research, qui risque l'insolvabilité si le cours du FTT chute. Or, depuis l'effondrement du protocole Terra, le prix du FTT a baissé, et plusieurs déposants d'Alameda Research ont retiré leurs avoirs. Malgré les tentatives de dissimuler la situation financière d'Alameda Research en détournant les fonds des utilisateurs de FTX pour rembourser les créanciers (comme l'a révélé par la suite le *Wall Street Journal*), la révélation de CoinDesk va être l'élément déclencheur.

La vulnérabilité est renforcée par l'annonce, le 6 novembre 2022, du patron de Binance (plateforme concurrente de FTX), Changpeng Zhao, de se séparer de ses FTT, compte tenu de rumeurs persistantes sur la fragilité de la plateforme. Les déposants retirent massivement leurs fonds sur FTX, entraînant une crise de liquidités. Le mardi 8, les cours du FTT chutent de 30 %. Le mercredi 9, Changpeng Zhao déclare que Binance est prêt à acheter FTX... avant de se rétracter, quelques heures plus tard. FTX suspend alors les retraits. Le cours du FTT s'écroule : il passe de 24 dollars le 6 novembre à 5,5 dollars le 9 novembre. Le 11 novembre, FTX, Alameda Research et une centaine d'autres filiales se déclarent en faillite et Sam Bankman-Fried démissionne.

1.2. Crypto-actifs et souveraineté monétaire des États

1.2.1. Le concept de souveraineté monétaire

La souveraineté monétaire désigne la capacité d'un État à exercer un contrôle exclusif sur sa monnaie. Comme le rappelle François Villeroy de Galhau[4], « *au fil de l'histoire, les monnaies privées n'ont nulle part connu une fin heureuse. Elles inspirent moins confiance qu'une autorité publique. C'est pourquoi battre monnaie est dans nos démocraties modernes un monopole public* ». Historiquement, la monnaie est une prérogative de souveraineté nationale : elle existe par et pour la nation. Le pouvoir de « battre monnaie » est d'abord un des attributs du Prince. Il s'agit d'un pouvoir régalien par excellence, exclusivement réservé à celui qui dirige l'État. Selon Jean Bodin (1576), « *il n'y a que celui qui a puissance de faire la loi, qui puisse donner loi aux monnaies* ». Dès le Moyen Âge, les rois veulent asseoir leur pouvoir monétaire en instaurant une monnaie unique. Il faut néanmoins attendre le XXe siècle pour que la jurisprudence internationale consacre le pouvoir de souveraineté monétaire[5].

Ce pouvoir régalien donne à la monnaie une valeur légale et oblige tout créancier à l'accepter en paiement en raison de son pouvoir libératoire illimité. En France, conformément à la loi de la République, « *la monnaie de la France est l'euro* » (article L. 111-1 du Code monétaire et financier). Seul l'euro à une reconnaissance légale. Tout autre actif numérique ne peut prétendre à la qualification juridique de monnaie. Il n'a pas cours légal et échappe au contrôle de la sphère publique.

4. Interview de François Villeroy de Galhau par Claude Soula et Sophie Fay, « Le libra de Facebook devra respecter les règles des banques centrales », *Le Nouvel Obs*, 25 juin 2019.

5. Comme la Cour internationale de justice de La Haye l'a rappelé dans ses arrêts du 12 juillet 1929 sur les *Emprunts serbes et brésiliens* : « *C'est un principe généralement admis que tout État a le droit de déterminer lui-même ses monnaies* » (CPJI, 22 juill. 1929, série A, n° 20/21).

Jérôme Blanc distingue deux niveaux dans la souveraineté monétaire, que l'on peut représenter par deux cercles concentriques, « *le premier suffisant à définir la souveraineté monétaire, le second en constituant une extension logique mais non nécessaire* » (Blanc, 2002). Selon lui, le niveau primaire de cette souveraineté repose sur l'existence d'une autorité se déclarant souveraine, qui a la prérogative exclusive de définir une unité de compte, de prélever un seigneuriage et de définir les marques de la souveraineté. Il s'agit typiquement de la capacité de « battre monnaie », que nous appelons souveraineté monétaire au sens étroit. Le niveau secondaire désigne la *capacité* à exercer la souveraineté monétaire. Elle se manifeste par la capacité à mener une politique monétaire, une politique de change, la maîtrise du champ des pratiques monétaires internes et la maîtrise de la convertibilité de la monnaie. L'addition de ces caractéristiques primaires et secondaires constitue ce que nous appelons la souveraineté étendue. Dans la suite de ce chapitre, nous étudierons les impacts du développement des crypto-actifs sur ces deux niveaux de souveraineté monétaire.

Pour certains économistes hétérodoxes, l'assimilation entre monnaie et État est totale. Pour Georg Friedrich Knapp, fondateur de l'école de théorie monétaire des chartalistes (du latin *charta*, papier ou feuille de métal), la monnaie doit avant tout son existence et sa légitimité à l'État. Elle est une créature de la loi. Cette idée renaît avec les néo-chartalistes partisans de la théorie monétaire moderne (*Modern Monetary Theory*). L'idée sous-jacente de cette théorie est que le bien-fondé de la circulation de la monnaie parmi les agents économiques résulte de son acceptation par l'État pour le paiement des impôts, et non à une valeur intrinsèque quelconque ou spécifiquement marchande. L'État a le pouvoir de choisir la monnaie en désignant celle qui sera acceptée pour le règlement des impôts et qui relèvera de son pouvoir d'émission. Les économistes de ce courant de pensée considèrent la monnaie comme un actif pur que l'État peut créer à volonté. Ils perçoivent la banque centrale comme « l'agent fiscal du gouvernement » et son indépendance comme un « mythe ».

Tout en reconnaissant l'importance de l'État, d'autres économistes tempèrent cette vision. Le rôle de l'État, même s'il est nécessaire, n'est pas suffisant en lui-même. Encore faut-il que la population ait confiance dans la monnaie, faute de quoi la valeur d'une monnaie ne peut être maintenue. C'est l'argument que soutiennent Michel Aglietta et André Orléan (2002) lorsqu'ils affirment que « *l'État peut être une source de légitimité monétaire* » mais qu'en aucun cas, « *il ne faudrait, à la manière de Georg Friedrich Knapp, aller plus loin et faire de la monnaie un simple instrument aux mains de l'appareil étatique* ». Ces deux économistes sont à l'origine de la théorie de l'institutionnalisme de la monnaie. Ce courant de pensée précise les modalités d'apparition de la monnaie à partir des structures sociales et politiques qui déterminent son espace d'acceptation et de circulation. « *Les membres d'une communauté n'ont pas conscience qu'ils font exister la monnaie par la confiance : c'est en l'acceptant et en la faisant circuler que l'objet élu devient monnaie* » (Aglietta et Orléan, 2002).

Ainsi, la monnaie, bien qu'elle doive être légitimée par une autorité souveraine, peut acquérir une forme d'indépendance vis-à-vis de l'État sans pour autant que la souveraineté monétaire ne soit remise en question. La banque centrale est l'instance suprême de la monnaie puisqu'elle est la seule autorité officielle à créer de la monnaie sans limitation et sans aucune contrepartie. En outre, elle joue un rôle central dans le maintien de la souveraineté monétaire. Autour de la monnaie banque centrale gravitent tous les moyens de paiement scripturaux et électroniques échangés et compensés dans les systèmes de paiement, au sein desquels les autorités de régulation veillent à assurer un règlement de bonne fin et à préserver la stabilité financière.

1.2.2. Une nouvelle guerre des monnaies

Les crypto-actifs ambitionnent de rivaliser avec les monnaies souveraines de banque centrale. De la guerre des monnaies entre États, nous sommes passés à une autre guerre des monnaies, qui oppose monnaies publiques et monnaies privées. L'idée de substituer des monnaies privées à une monnaie souveraine n'est pas nouvelle, mais elle a ressurgi après la crise de 2008, lorsque les crypto-actifs ont vu le jour. L'image des banques était alors fortement écornée ; elles étaient accusées d'avoir provoqué la crise financière, et la confiance envers le système bancaire était mise à mal. Par ailleurs, l'idée de créer des monnaies privées alternatives fait écho à la théorie de Friedrich Hayek qui proposait de « dénationaliser » la monnaie, c'est-à-dire de retirer le monopole de la création monétaire des mains des gouvernements. Il proposait un système de monnaies concurrentielles émises par des entités privées, seul moyen selon lui de promouvoir la stabilité et l'efficacité économiques.

L'idée d'un système monétaire et financier qui fonctionnerait sur la base de l'auto-régulation à partir d'algorithmes, sans aucune supervision, pourrait paraître conceptuellement séduisante. Elle est pourtant dangereuse. La nature des crypto-actifs, notamment leur caractère décentralisé et anonyme, rend la régulation complexe voire impossible. Pire, réguler les crypto-actifs, c'est aller contre la philosophie qu'ils incarnent. Pour inspirer confiance aux citoyens, un système monétaire a besoin de régulation et d'une autorité qui incarne cette régulation. D'où la nécessité d'une instance supérieure centralisée, la banque centrale. Comme l'écrit Michel

Aglietta, dans une interview accordée au journal *La Tribune* en juillet 2019, « *la croyance qu'un code informatique à lui seul puisse remplacer la nécessité d'une instance d'autorité légitimée par la loi et qui représente le lien collectif, et ce pour le monde entier, soit plus de 7 milliards d'habitants, cela n'a aucun sens ! C'est une croyance d'informaticiens* »[6].

N'oublions pas que la monnaie repose indubitablement sur la confiance. Or, les crypto-actifs sont non seulement trop instables et risqués, mais qui plus est, ils inspirent moins confiance en raison des problèmes de cybercriminalité, de failles de sécurité, de pannes et de liens avec des activités illicites. Le philosophe et historien Yuval Noah Harari, qui s'exprimait sur le bitcoin lors du Sommet innovation 2024 de la Banque des règlements internationaux, a insisté sur la confiance historique accordée aux banques et aux gouvernements pour gérer la politique monétaire, et plaidé pour le maintien de leur rôle dans la création de monnaie. Il a critiqué le bitcoin en expliquant que c'est « *une monnaie construite sur la méfiance* ». Il espère que l'humanité trouvera un moyen de construire des institutions humaines fiables plutôt que d'adopter une « *technologie de la méfiance* » à l'égard des banques et des gouvernements.

La nécessité d'une autorité monétaire apparaît encore plus cruciale lorsqu'une crise systémique survient et que les algorithmes ne sont plus d'aucun secours. Comme on l'a vu en 2022, l'effondrement du protocole Terra et la faillite de FTX ont généré une onde de choc dans tout l'écosystème des crypto-actifs, avec des faillites en cascade et des épargnants qui ont perdu une grande partie de leurs avoirs. N'oublions pas que nous avons pu sortir de la crise financière de 2008 grâce à l'implication de la Banque de France qui, en sa qualité de prêteur en dernier ressort, a permis aux banques en difficulté d'éviter le dépôt de bilan et, au-delà, d'empêcher une propagation de faillites en chaîne qui aurait déstabilisé tout le système de paiement et de crédit[7]. Cette fonction de prêteur en dernier ressort est cruciale pour prévenir les paniques bancaires et maintenir la confiance dans le système financier.

Alors que la banque centrale chinoise a décidé d'interdire toutes les transactions de crypto-actifs sur son territoire, les autorités de différents pays développés ont décidé de ne pas paralyser l'innovation et de laisser les crypto-actifs cohabiter avec les monnaies officielles – dans la mesure où les volumes actuels de ces actifs numériques sont faibles et ne remettent pas en cause la suprématie de la monnaie officielle. Le projet Libra, porté

6. Michel Aglietta (2019), « Une monnaie mondiale et privée, c'est absurde et dangereux », *La Tribune*, 17 juillet 2019.

7. Un prêteur en dernier ressort est une institution, généralement une banque centrale, qui fournit des liquidités aux banques et autres institutions financières en difficulté pour éviter des faillites en cascade et préserver la stabilité financière.

par Facebook (devenu Meta) est néanmoins venu changer la donne en juin 2019.

1.2.3. Le projet Libra/Diem de Meta

L'ambition de Meta était de développer un crypto-actif à faible volatilité, le *stablecoin* Libra, pour faciliter les transactions financières mondiales et favoriser l'inclusion financière mondiale. Afin d'inspirer la confiance aux utilisateurs, le libra était conçu comme un *stablecoin* centralisé basé sur une réserve d'actifs réels. La gestion de Libra devait être assurée par l'Association Libra, consortium de vingt-huit entreprises et ONG associées à Meta. Cette association est une organisation indépendante à but non lucratif basée à Genève. En décembre 2020, le projet Libra change de nom et devient Diem, notamment pour afficher une préoccupation accrue pour les questions de régulation (conformité financière, blanchiment d'argent, etc.). Par ailleurs, l'ambition de créer un *stablecoin* mondial, fondé sur un panier de devises, a été ramenée à l'ambition, plus modeste, d'émettre plusieurs *stablecoins* indexés sur des monnaies individuelles (par exemple, Diem USD, Diem EUR). Cependant, en raison de l'opposition des autorités qui voient dans le projet un dangereux risque pour la souveraineté monétaire, le projet perd rapidement une partie de ses membres, et il est abandonné en janvier 2022.

Malgré la promesse affichée d'un crypto-actif plus stable et d'une inclusivité financière accrue à l'échelle planétaire, laisser Meta créer un système monétaire mondial en marge des États signerait la fin de la souveraineté monétaire. La menace de « dollarisation numérique » est particulièrement aiguë pour les économies ouvertes qui dépendent fortement des acteurs numériques étrangers. Mais même dans les pays développés, comme l'écrivent Daniel Cohen et Nicolas Théry, les États et les banques centrales ne devaient pas laisser Meta battre monnaie et avaient le devoir de se défendre face à « *l'OPA lancée contre leur souveraineté monétaire* » [8].

D'abord, si l'on revient à la définition de la souveraineté au sens étroit (voir 1.2.1.), le projet Diem revient à troquer une autorité monétaire souveraine et légitime contre un oligopole privé concentré entre les mains de quelques acteurs, ce qui menacerait directement la démocratie et l'État-nation. La monnaie, symbole de la souveraineté, ne peut relever que d'une maîtrise démocratique et nationale afin d'éviter le risque de conférer des outils de puissance à des acteurs privés pouvant être guidés par d'autres motivations que la notion d'intérêt général. Ce projet menacerait également la souveraineté au sens large ; comme l'écrit Éric Monnet, si la

8. Daniel Cohen et Nicolas Théry (2019), « États et banques centrales ne doivent pas laisser Facebook battre monnaie », *Le Figaro*, Débats, 20 juin 2019.

majorité des individus utilisent les monnaies de Facebook ou d'Amazon, « *il y aurait tout d'abord une soumission aux termes des contrats décidés par ces opérateurs privés, ces derniers pouvant décider de modifier le taux de change de la monnaie, son périmètre d'utilisation (donc sa convertibilité) ou la politique concernant les données associées aux transactions* » (Monnet, 2021).

Comme nous l'avons vu au chapitre 3, les mégadonnées sont un des leviers principaux des Bigtechs. Le contrôle des données personnelles par les Bigtechs apparaît donc comme particulièrement problématique. Grâce à l'exploitation des mégadonnées qui constituent une grande partie de leur source de profit, les géants du numérique peuvent cibler les consommateurs en fonction de leur profil, de leurs préférences, et leur proposer des produits financiers adaptés. Si un projet comme celui de Libra se développait en utilisant la puissance commerciale mondiale des Bigtechs, il pourrait devenir systémique et concurrencer les systèmes monétaires reposant sur la monnaie de banque centrale, menaçant la souveraineté monétaire. La monnaie deviendrait ainsi un instrument commercial. Daniel Cohen et Nicolas Théry évoquent un monopole « *totalitaire* », ignorant de nos libertés individuelles et exploitant notre intimité numérique à des fins commerciales.

L'existence d'un fonds de réserve change-t-il la donne ? Les concepteurs du projet Libra initial insistaient sur le fait que le fonds de réserve auquel le *stablecoin* était adossé offrait une garantie de stabilité par rapport aux crypto-actifs classiques. D'après eux, le libra aurait été garanti à tout moment par des actifs réels, permettant d'assurer d'éventuels remboursements, et le taux de conversion par rapport aux devises officielles aurait été fonction d'un panier pondéré de devises. En fait, la réserve s'apparentait à un fonds de pension composé d'actifs financiers liquides, libellés dans des devises stables, mais des doutes planaient sur la composition exacte du panier de devises (Pilkington, 2022). Comment s'assurer de la qualité des actifs de réserve pour ne pas mettre en péril la stabilité financière ? Première possibilité, les banques centrales auraient dû maintenir la stabilité de leurs changes respectifs au sein du panier, en acceptant d'être prêteur en dernier ressort. Cependant, cela pose la question de la coordination ; par ailleurs, on voit mal pourquoi les banques centrales accepteraient d'être prêteur en dernier ressort d'une monnaie privée. Comme l'écrivent Michel Aglietta et Natacha Valla (2021), cela renvoie à un système monétaire multilatéral coordonné par le FMI… qui existe déjà et qui repose sur un panier multidevise de réserve composite : les DTS, les droits de tirage spéciaux. Seconde possibilité, l'émetteur du libra aurait dû agir comme une caisse d'émission et assurer la conversion illimitée du libra. Cela implique un taux de couverture de 100 % par les réserves de change et une rentabilité très faible…

Comme nous l'avons vu au chapitre 3, l'idée initiale d'une monnaie privée *mondiale* libra a été rapidement abandonnée, au profit du projet Diem. La différence étant que, cette fois, chaque *stablecoin* serait indexé sur une monnaie individuelle, et non sur un panier de devises – par exemple le Diem USD. Certes, le problème de coordination entre banques centrales disparaît, mais demeure la question de trouver des actifs de réserve suffisamment sûrs. La seule solution qui eut permis de combiner démocratie et sécurité aurait été que la banque centrale émettrice (la Fed) accepte d'être prêteur en dernier ressort. La régulation et la supervision sont en effet indispensables pour instaurer la confiance. Or, cela revient *de facto* à la mise en place d'une monnaie numérique de banque centrale (chapitre 6).

1.3. « Cryptoïsation » et efficacité de la politique monétaire

La cryptoïsation est également susceptible d'affecter la souveraineté monétaire au sens large *via* son impact sur la politique monétaire. Rappelons que, dans le cadre de sa politique monétaire, la banque centrale a pour mission de réguler la création monétaire, d'influencer les taux d'intérêt à court terme, et de contrôler la liquidité pour atteindre des objectifs économiques tels que la stabilité des prix, le plein emploi, ou une croissance économique soutenue.

1.3.1. « Cryptoïsation » : une menace pour la politique monétaire…

Plusieurs économistes ont tiré la sonnette d'alarme pour souligner le danger que représenterait une massification des crypto-actifs pour la politique monétaire. Dans un article du *New York Times* de 2013, Paul Krugman écrit : « *Vous devriez lire Charlie Stross : Bitcoin semble avoir été conçu comme une arme destinée à endommager les banques centrales et les banques émettrices de monnaie […] pour nuire à la capacité des États à collecter des impôts et à contrôler les transactions financières de leurs citoyens* »[9]. Pour Christian de Boissieu, l'usage accru des actifs numériques pourrait entraîner des conséquences profondes sur la conduite et l'efficacité de la politique monétaire. En raison de leurs caractéristiques, les crypto-actifs représentent « *un défi, voire une menace pour les banques centrales et pour la politique monétaire qu'elles mènent. Car ils viennent empiéter sur le pouvoir monétaire des États, sur la régulation des paiements et de la masse monétaire*

9. Paul Krugman, « Bitcoin Is Evil », December 28, 2013, *The New York Times*.

par les banques centrales, sur des prérogatives des régulateurs bancaires et financiers… » (de Boissieu, 2023).

On peut faire l'analogie entre la cryptoïsation et la dollarisation des pays en développement. Si la majeure partie du système financier national repose sur des devises étrangères, les mesures de politique monétaire n'ont aucun impact sur l'activité économique. De même, si la monnaie de la banque centrale ne définit plus l'unité de compte pour la plupart des activités économiques – et si ces unités de compte sont fournies par les crypto-actifs –, alors la politique monétaire de la banque centrale devient inefficace.

Tout d'abord, la coexistence entre banque centrale et monnaies privées dépend du type de politique monétaire mené par la banque centrale. L'interaction entre les crypto-actifs et la politique monétaire des banques centrales a fait l'objet d'un examen détaillé par Jesús Fernandès-Villaverde et Daniel Sanches (2018). Leur modèle théorique montre que si la banque centrale échouait à garantir la stabilité des prix, alors les monnaies privées seraient utilisées. En revanche, si la banque centrale garantissait de manière crédible le pouvoir d'achat, alors les crypto-actifs perdraient leur pertinence. La banque centrale pourrait même choisir une règle spécifique de politique monétaire qui empêcherait les crypto-actifs d'être valorisés comme moyen d'échange. Ainsi, la concurrence des crypto-actifs pourrait avoir un effet positif, en permettant de discipliner les banques centrales et d'améliorer la qualité de la monnaie publique.

En cas de coexistence entre monnaies publiques et monnaies privées, par quel biais la conduite de la politique monétaire serait-elle affectée ? *Via* la réduction de la demande de monnaie banque centrale. Rappelons que cette demande de monnaie banque centrale est constituée des demandes d'espèces des particuliers, ainsi que des demandes de réserves par les banques commerciales[10]. Or, si les crypto-actifs se substituaient partiellement aux espèces et aux dépôts bancaires, la demande de monnaie banque centrale serait mécaniquement réduite. Un fort développement des crypto-actifs réduirait la base monétaire ou influencerait la vitesse de circulation de la monnaie : les banques centrales pourraient perdre leur monopole sur la masse monétaire en circulation. La prolifération de crypto-actifs limiterait ainsi la capacité de la banque centrale à influencer l'économie par les politiques monétaires traditionnelles, basées sur la fixation des taux d'intérêt ou le niveau des réserves obligatoires (He *et al.*, 2017 ; Benigno, 2019). Cela rendrait plus difficile le maintien de la stabilité des prix et la stimulation de la croissance économique.

10. La banque centrale impose aux banques commerciales de déposer sur leur compte (auprès d'elle) un pourcentage des dépôts qu'elles collectent.

Par ailleurs, les banques commerciales, courroies de transmission de la politique monétaire, verraient leur rôle fragilisé si les individus et les entreprises préfèrent détenir des crypto-actifs plutôt que des dépôts bancaires. On assisterait à la réduction des dépôts bancaires et à l'érosion du potentiel de crédit des banques commerciales (Tomić *et al.*, 2020 ; Brunnermeier *et al.*, 2019).

Les recettes tirées du seigneuriage pourraient également s'éroder. Le seigneuriage est le profit réalisé par une banque centrale en émettant de la monnaie, principalement par la différence entre la valeur nominale de la monnaie et son coût de production. Si les crypto-actifs deviennent largement utilisés, cela crée un manque à gagner fiscal sous la forme d'une réduction des recettes de seigneuriage. Comme l'écrit Jean Tirole, « *dans le cas d'une monnaie fiduciaire, une augmentation de la masse monétaire fournit traditionnellement des ressources supplémentaires à l'État. Comme il se doit, le produit de l'émission monétaire va dans ce cas à la collectivité. Dans le cas du bitcoin, les premières pièces frappées ou l'argent levé lors d'une ICO vont dans des mains privées* » [11].

Enfin, un rapport conjoint du Conseil de stabilité financière et du Fonds monétaire international du 7 septembre 2023 met en garde contre l'adoption généralisée des crypto-actifs qui constitue un risque pour la stabilité financière mondiale et qui pourrait nuire à la politique monétaire (IMF-FSB, 2023). Ce rapport estime qu'une réglementation est nécessaire pour faire face aux risques macroéconomiques, aux menaces pour la souveraineté monétaire et le fonctionnement de la politique monétaire, et à la perspective d'une volatilité extrême des flux de capitaux.

1.3.2. … qui doit être relativisée

Les crypto-actifs ne remplissent pas les fonctions traditionnelles de la monnaie : leur forte volatilité, l'absence de régulation, et leur acceptation limitée par les commerçants les empêchent d'être utilisés comme des substituts numériques aux espèces et aux dépôts. Au stade actuel, étant donné que la taille du secteur reste modeste et que les liens avec le système financier au sens large – sans parler de l'économie réelle – restent limités, ils n'ont ni d'impact véritable sur l'économie réelle, ni de conséquences significatives pour la politique monétaire (BCE, 2019).

Il est peu probable que le développement des crypto-actifs affecte réellement la conduite de la politique monétaire. Cela supposerait qu'ils bénéficient d'une confiance aussi solide que celle accordée aux monnaies traditionnelles, ce qui est loin d'être acquis. Et même dans cette hypothèse,

11. Jean Tirole, « Cryptomonnaies : le point de vue d'un économiste », *La Jaune et la Rouge*, n° 792, février 2024.

les banques centrales continueraient à pouvoir influencer le taux d'intérêt de très court terme. En effet, il existe déjà une disproportion entre la taille du bilan des banques centrales et le volume des transactions sur le marché monétaire; cela n'empêche pourtant pas la banque centrale, grâce à son rôle de prêteur en dernier ressort, de pouvoir se contenter de l'émission d'un signal, d'une politique d'*open mouth* pour influer sur le taux d'intérêt à court terme.

1.4. Accélération de la financiarisation de l'économie

Les secteurs bancaires et financiers sont absolument nécessaires au bon fonctionnement d'une économie, et de nombreuses publications démontrent un lien positif entre développement financier et croissance économique. Toutefois, sans faire fi des apports essentiels de la finance, il faut s'interroger sur ses excès et ses dysfonctionnements à la lumière des crises bancaires et financières qui ont durablement atteint le monde économique et financier. Les transformations qu'a connues le capitalisme au cours du dernier quart du XXe siècle, consistant notamment à un désintéressement vis-à-vis de l'investissement productif au profit des placements financiers, ont accrédité la thèse selon laquelle la sphère financière serait devenue entièrement autonome de la sphère productive. On parle alors de « financiarisation de l'économie », que certains définissent comme l'extension de la sphère financière par rapport à la sphère réelle : elle s'explique par le rôle croissant des marchés financiers, des acteurs financiers et des institutions financières dans les activités des économies nationales et internationales.

Initialement conçus comme des outils d'échange dans l'univers numérique, les crypto-actifs ont pris pied dans la financiarisation de l'économie réelle. Deux exemples en témoignent. D'une part, l'apparition de l'ICO (*Initial Coin Offering* ou offre au public de jetons), opération de levée de fonds par laquelle une société ayant un besoin de financement émet des jetons, auxquels les industriels souscrivent principalement avec des crypto-actifs : l'ICO s'est imposée comme principal innovateur parmi les nouveaux leviers de financement. D'autre part, l'inauguration par la Bourse de Chicago du premier marché à terme sur le bitcoin en date du 11 décembre 2017 a permis au bitcoin de se financiariser, de se fondre dans le système financier actuel.

Cette imbrication financière entre crypto-actifs et sphère réelle a des implications pour la stabilité financière et le financement de l'économie. Une illustration est fournie par le développement des *stablecoins* : les principaux *stablecoins* gèrent leur arrimage au dollar américain en détenant des actifs sûrs à court terme, libellés en monnaie *fiat*. La demande supplémentaire de *stablecoins* a ainsi contribué à l'augmentation des émissions de titres de créances négociables aux États-Unis, ce qui illustre le lien entre le développement des crypto-actifs et la sphère financière réelle (Barthélémy *et al.*, 2023). En raison de l'intérêt croissant des investisseurs traditionnels pour la finance décentralisée[12], d'autres canaux de contagion sont le développement de services de règlement en crypto-actifs par les grands acteurs du secteur des paiements (Visa, Mastercard...) et de placements comme les ETF indexés sur des crypto-actifs (ETF bitcoin par exemple), l'essor des produits dérivés sur crypto-actifs et la composition des réserves servant d'adossement à certains *stablecoins* (voir chapitre 4). Or, gardons à l'esprit que les crypto-actifs sont particulièrement susceptibles de faire l'objet de bulles spéculatives... dont les retombées négatives pourraient se transmettre directement à la sphère réelle. En conséquence, la croissance des canaux de contagion entre l'écosystème des crypto-actifs et la finance classique nécessite une régulation du marché de ces nouveaux actifs fondée sur le principe : « *mêmes activités, mêmes règles* ».

2. La régulation des crypto-actifs

Le bitcoin et d'autres crypto-actifs ont été présentés ces dernières années comme une forme alternative de monnaie censée protéger les investisseurs contre les effets néfastes des politiques inflationnistes des banques centrales. Mais les montagnes russes du cours du bitcoin et la faillite de la plateforme FTX début novembre 2022 donnent raison à ses détracteurs. Contrairement à ce qu'affirment certains, critiquer le bitcoin ne relève pas de l'ignorance.

La nature décentralisée et sans frontières des marchés de crypto-actifs rend la règlementation complexe. Qui portera la responsabilité d'un actif décentralisé et anonyme ? De plus, bien qu'il ait été pensé à l'origine pour protéger les données personnelles, l'anonymat de la chaîne de blocs a fait l'objet de nombreuses critiques ; il rend en effet difficile la poursuite des personnes coupables d'actes illicites – comme le vol ou la contrefaçon – en matière de crypto-actifs. Les litiges se sont multipliés mais les victimes se sont trouvées dans l'impossibilité d'engager des poursuites judiciaires contre des acteurs non identifiables. Par ailleurs, les crypto-actifs constituent un vrai défi pour les autorités publiques : il faut lutter contre les risques dont ils sont porteurs sans entraver l'innovation.

La régulation des crypto-actifs est avant tout un choix politique, étatique. Les États doivent faire face à un trilemme : aucune régulation, une

12. Si les banques françaises se tiennent relativement à l'écart de ce marché, ce n'est pas le cas des fonds d'investissement et de capital-risque, dont les investissements dans des entreprises liées aux crypto-actifs ont plus que triplé entre 2020 et 2022 (Cour des comptes, 2023).

régulation souple ou une législation stricte pour protéger le secteur financier. La France a fait le choix d'une régulation souple. Le rapport de Jean-Pierre Landau et Alban Genais remis au ministre de l'Économie et des Finances le 4 juillet 2018 ne propose pas de réguler directement les crypto-actifs – à l'exception essentielle de la lutte contre le blanchiment des capitaux et le financement du terrorisme *via* la loi PACTE – malgré les interrogations qu'ils soulèvent (Landau et Genais, 2018).

2.1. Le règlement MiCA

Le dispositif réglementaire proposé par la loi PACTE (2019) a inspiré le règlement européen *Markets in Crypto-Assets* ou MiCA du 20 avril 2023. Le règlement MiCA a pour ambition de répondre au besoin d'encadrement des crypto-actifs au sein de l'UE. Dans une lettre de mission du 10 septembre 2019 au vice-président de la Commission européenne Valdis Dombrovskis, Ursula von der Leyen a souligné la nécessité de trouver « *une approche commune avec les États membres sur les cryptomonnaies pour garantir que nous saurons tirer le meilleur parti des opportunités qu'elles offrent et parer aux nouveaux risques qu'elles peuvent poser* ».

2.1.1. Les dispositions du règlement MiCA

Le 20 avril 2023, les eurodéputés ont approuvé le règlement MiCA pour réguler les crypto-actifs. En vertu du droit communautaire, celui-ci s'appliquera dans toute l'Union européenne sans qu'il soit nécessaire de le transposer en droit national. Avec ce règlement, l'UE se dote d'un cadre règlementaire harmonisé concernant le marché des crypto-actifs qui s'applique à la fois aux établissements de la finance traditionnelle et aux nouveaux acteurs du monde des crypto-actifs.

L'exposé des motifs énonce les quatre objectifs poursuivis par le règlement MiCA. Le premier objectif vise à garantir la sécurité juridique en mettant en place un cadre juridique solide pour les crypto-actifs relevant de son champ d'application, et qui ne sont pas couverts par la législation existante sur les services financiers. Le deuxième objectif est de soutenir l'innovation et une concurrence loyale dans le domaine des crypto-actifs, tout en assurant un environnement réglementaire propice au développement des nouvelles technologies. Le troisième objectif est de protéger les consommateurs, les investisseurs et l'intégrité du marché[13] en garantissant la transparence, la divulgation des informations pertinentes et la sécurité dans les transactions de crypto-actifs. Le dernier objectif consiste à assurer la stabilité financière, par l'inclusion de garde-fous destinés à parer les

13. Préserver l'intégrité du marché consiste à prévenir les abus de marché, comme la manipulation des prix et les délits d'initiés.

risques. Il s'agit en particulier d'établir une surveillance renforcée des crypto-actifs présentant des risques systémiques ; ainsi des règles spécifiques sont mises en place pour les *stablecoins*, notamment des exigences de réserve et des obligations de gestion des risques. En résumé, en adoptant ce règlement, l'UE vise à apporter la sécurité juridique à l'écosystème des crypto-actifs et à soutenir l'innovation tout en préservant la protection des consommateurs, l'intégrité des marchés et la stabilité financière.

Le règlement MiCA crée un régime dédié aux crypto-actifs qui sont en dehors du champ de la législation européenne sur les services financiers. Il les regroupe en trois catégories principales : les jetons se référant à un ou des actifs (*Asset-Referenced Tokens* ou ART), les jetons de monnaie électronique (*e-Money Tokens* ou EMT) et les autres crypto-actifs. Il doit entrer en application à partir du 30 décembre 2024, à l'exception des dispositions sur les jetons indexés (*stablecoins*) qui sont applicables depuis le 30 juin 2024.

Le règlement MiCA présente des avancées dans le domaine de la régulation des crypto-actifs. Cependant, certains lui reprochent non seulement une date d'application trop lointaine, mais surtout de ne pas traiter plusieurs problèmes cruciaux, comme l'encadrement de la finance décentralisée, les prêts en crypto-actifs ou les *non-fungible tokens/NFT* (jetons non fongibles). Les jetons non fongibles sont des «*jetons échangeables sur une blockchain, en cryptomonnaies ou en euros par l'intermédiaire de plateformes qui opèrent la conversion, et qui constituent une forme de certificat de propriété associé à un objet virtuel ou physique*» (CSPLA, 2022).

2.1.2. La finance décentralisée a échappé au règlement MiCA

Dans le règlement MiCA, l'absence de règlementation concernant la finance décentralisée pose problème eu égard à l'expansion potentielle que connaît ce secteur et aux risques majeurs liés à cette finance alternative.

La Commission européenne doit procéder à une évaluation du développement de la finance décentralisée et de son encadrement règlementaire. Christine Lagarde, présidente de la BCE appelle la mise en œuvre d'un MiCA II pour pallier les failles et les manques du règlement MiCA afin d'encadrer notamment le *staking*, le prêt collatéralisé (*lending*), la finance décentralisée ainsi que les actifs sans émetteur identifiable (voir chapitre 4). Lors de la commission des affaires économiques et monétaires (ECON) qui s'est tenue à Bruxelles le 20 juin 2022, Christine Lagarde a déclaré que « *les innovations dans ces territoires inexplorés mettent les consommateurs en danger, où le manque de réglementation couvre souvent la fraude, les réclamations complètement illégitimes sur l'évaluation, et très souvent la spéculation, ainsi que les transactions criminelles*». Elle a également insisté sur le fait que les crypto-actifs « au sens large » et la finance décentralisée avaient le potentiel de faire courir un risque à la stabilité financière.

2.2. *Un projet de norme mondiale pour les crypto-actifs*

Face à l'essor du marché des crypto-actifs – et à ses potentielles dérives – un collectif de 45 États a signé un engagement pour la mise en œuvre du cadre de déclaration des crypto-actifs (CDCA). Cette nouvelle norme internationale sur l'échange automatique d'informations entre autorités fiscales a été élaborée par l'Organisation de coordination et de développement économiques (OCDE). Elle vise à lutter contre l'évasion fiscale en facilitant la déclaration et l'échange d'informations concernant les crypto-actifs. Elle repose sur la collaboration des autorités fiscales nationales, et sera transposée dans le droit interne des pays signataires dès 2027, sous réserve de l'application des procédures législatives nationales.

Son objectif principal est d'établir des règles communes pour inclure les crypto-actifs dans l'échange de renseignements fiscaux. En effet, les gains provenant des crypto-actifs sont soumis à des taxes. Bien que les régimes de taxation varient selon les juridictions, ils incluent généralement une taxation sur les plus-values (lors de la vente de crypto-actifs), et une taxation sur les revenus générés par le minage ou sur les intérêts perçus sur les dépôts en crypto-actifs… La transparence permettra aux autorités fiscales des pays signataires de s'assurer du respect des obligations fiscales et de lutter contre l'évasion fiscale.

Comme il n'existe pas de définition juridique universelle des crypto-actifs, la norme a établi sa propre définition afin de déterminer quels actifs étaient visés par ces règles. Selon le CDCA, un crypto-actif désigne « *une représentation numérique d'une valeur qui s'appuie sur un registre distribué sécurisé par des moyens cryptographiques ou une technologie similaire employée pour valider et sécuriser des transactions* ».

2.3. *Le règlement DORA*

Au-delà de l'encadrement spécifique des crypto-actifs se pose la question de la stabilité financière, à laquelle le règlement DORA (*Digital Operational Resilience Act*) sur la résilience opérationnelle numérique apporte un début de réponse. Adopté le 17 novembre 2022, le règlement DORA, qui fait partie intégrante du dispositif sur la finance numérique, entrera en vigueur le 17 janvier 2025. Il a pour objectif de permettre au secteur financier européen de rester résilient en cas de perturbation opérationnelle grave. Son large périmètre inclut notamment les établissements de crédit, les entreprises d'investissement, les plateformes de négociation, les prestataires de services de financement participatif ou encore les prestataires de services sur crypto-actifs agréés en application du règlement MiCA. Le règlement DORA comprend les dispositions suivantes : 1) mettre en œuvre un cadre de gestion du risque lié aux technologies de l'information et de la communication (TIC) ; 2) gérer, classer et notifier aux autorités nationales compétentes les incidents identifiés comme majeurs et liés aux TIC ; 3) effectuer des tests de résilience opérationnelle numérique ; 4) gérer le risque lié au recours à des prestataires tiers de services TIC ; 5) mettre en place des dispositifs de partage d'informations opérationnelles relatives aux cybermenaces et vulnérabilités entre acteurs du secteur financier.

*

* *

Bien que les crypto-actifs jouent actuellement un rôle marginal dans le financement de l'économie, leur développement constitue toutefois un défi pour les États en termes de stabilité financière, de souveraineté monétaire et d'efficacité de la politique monétaire. L'enjeu est clair : il s'agit de veiller à ce que le système financier soit suffisamment sain et solide et de prévenir et contenir les risques systémiques. En France et en Europe, les législateurs ont mis en place une réglementation destinée à répondre aux risques liés aux crypto-actifs.

En outre, dans ce contexte de numérisation des paiements, les banques centrales sont à pied d'œuvre pour s'assurer que l'ancrage de la monnaie publique, dont la stabilité bénéficie à tout le système financier, soit maintenu en toutes circonstances. Il faut éviter qu'un moyen de paiement numérique privé remplace la monnaie de banque centrale. Conscientes des enjeux de souveraineté liés aux paiements, les banques centrales ont voulu répondre sur le terrain de l'innovation technologique à la menace des crypto-actifs, en créant des monnaies numériques publiques, les monnaies numériques de banque centrale. Ainsi, la Banque centrale européenne s'est fixé l'objectif de se doter de l'euro numérique avant 2026.

Chapitre 6

Une monnaie numérique de banque centrale face aux crypto-actifs

À partir de 2009, l'essor considérable des crypto-actifs a bouleversé l'écosystème des paiements en posant la question de la concurrence aux monnaies publiques dans la sphère numérique. Dix ans plus tard, en septembre 2019, les *stablecoins* faisaient leur apparition avec pour but de remédier à la forte volatilité des crypto-actifs. Face à cet essor, les banques centrales ont souhaité reprendre la main et réagir. Afin d'éviter que le système de paiement ne soit perturbé par une innovation non régulée, les banques centrales ont été invitées à évaluer la pertinence et l'opportunité de l'émission de monnaies numériques de banque centrale (MNBC) au regard des coûts et des avantages dans leur juridiction respective[1]. Fin 2023, 94 % des banques centrales à travers le monde étudient ou testent activement des MNBC, 31 % d'entre elles déployant des projets pilotes, selon un sondage réalisé auprès de 86 banques centrales des pays développés et émergents (Di Iorio *et al.*, 2024). C'est beaucoup plus qu'en 2019, année durant laquelle seulement 35 % des banques centrales s'intéressaient aux monnaies numériques de banque centrale.

Après avoir décrit le principe, le fonctionnement et les enjeux d'une monnaie numérique de banque centrale, nous verrons pourquoi les espèces ne doivent pas disparaître et pourquoi nous nous acheminons vraisemblablement vers un système où espèces et monnaies numériques de banques centrales coexistent.

1. Voir notamment le rapport de Cœuré *et al.* (2019).

1. La monnaie numérique de banque centrale (MNBC) : un rempart contre la « folie bitcoin »

1.1. Qu'est-ce que la monnaie numérique de banque centrale ?

1.1.1. MNBC : le cas de l'euro numérique

Pour les banquiers centraux européens, l'euro numérique est une réaction à plusieurs défis. Le premier d'entre eux est l'émergence des actifs numériques, qui menacent la stabilité monétaire et financière. L'émergence des Bigtechs et des Fintechs, qui investissent largement le secteur des paiements comme l'a montré l'exemple de Libra, apparaît également comme une menace. Enfin, les banquiers centraux européens craignent que des monnaies numériques de banque centrale venues de l'étranger puissent à l'avenir concurrencer la monnaie européenne, et entraîner une substitution monétaire (une monnaie en chassant une autre). La Chine, qui a pris de l'avance dans le développement de son yuan numérique (voir encadré 2), est ainsi scrutée de près.

En janvier 2020, la BRI a confié à l'économiste Benoît Cœuré la co-présidence d'un groupe de travail, chargé de développer une réflexion sur les MNBC. Ce groupe associe à la BRI sept grandes banques centrales – représentant le Canada, le Japon, la Suède, la Suisse, l'Angleterre, les États-Unis et la zone euro. Il définit une monnaie numérique de banque centrale comme « *un instrument de paiement numérique, libellé dans l'unité de compte nationale et représentant directement un passif dû par la banque centrale* » (BRI *et al.*, 2020).

En fait, il faut distinguer deux formes de MNBC : la monnaie centrale dite interbancaire ou de « gros » (*wholesale*), utilisée exclusivement pour dénouer les transactions financières entre la banque centrale et les banques commerciales ou d'autres institutions financières, et une monnaie centrale dite de « détail » (*retail*) qui s'adresse au public. La monnaie centrale de détail constituerait une créance directe des particuliers auprès de la banque centrale. La BCE défend ainsi l'idée d'un euro numérique qui serait un moyen de paiement gratuit, simple, universellement accepté, sans risque et inspirant confiance. Il serait, en quelque sorte, l'équivalent numérique du billet et existerait parallèlement aux espèces.

Quelles sont les étapes de mise en œuvre ? La BCE est engagée dans une transition numérique de sa monnaie, mais à deux rythmes distincts. D'un côté, l'euro numérique de gros, réservé aux transactions institutionnelles, progresse rapidement, car il implique un changement moins important : il s'agit de monnaie scripturale, moins compliquée à mettre en œuvre que la monnaie fiduciaire. Dans le cadre de leurs travaux, les banques centrales collaborent avec les banques commerciales. En France, c'est notamment le cas de la Société Générale dont la filiale Forge, dédiée à la technologie de la chaîne de blocs, procède à des tests de transactions dont le règlement est effectué grâce à une monnaie numérique émise par la Banque de France.

De l'autre côté, l'euro numérique destiné au grand public avance lentement. Après une phase d'investigation (2021-2023), l'Eurosystème est entré dans une phase de préparation en novembre 2023. Parallèlement, en juin 2023, la Commission européenne a publié une proposition de règlement, visant à définir un cadre pour un éventuel euro numérique que la BCE pourrait émettre à l'avenir[2]. À ce stade, la décision d'émettre un euro numérique n'a pas encore été prise. Si le Conseil des gouverneurs décide d'introduire un euro numérique, celui-ci pourrait alors voir le jour à partir de 2027 ou 2028.

Les citoyens européens restant attachés à l'argent liquide, la BCE a pris le soin de préciser qu'elle créerait une monnaie numérique à côté, et non à la place de la monnaie fiduciaire. Cette monnaie centrale détenue par le public offrira une alternative de monnaie publique, émise et garantie par l'État. En d'autres termes, l'euro numérique viendra accroître la liberté de choix des particuliers, sans obligation d'utilisation. Ses caractéristiques devraient être aussi proches que possibles que celles des espèces, mais sous la forme dématérialisée. En effet, l'euro numérique n'a pas d'existence physique. Il sera consigné dans un registre centralisé, détenu par la BCE. Il sera distribué par les fournisseurs de services de paiement (banques commerciales, établissements de paiement et établissements de monnaie électronique) selon un modèle intermédié (encadré 1). L'Eurosystème n'aura ni accès aux informations personnelles des utilisateurs de l'euro numérique ni la possibilité de relier les informations de paiement à des individus.

Encadré 1

Le modèle de MNBC de détail intermédié

Dans le modèle de MNBC intermédié, la banque centrale émet la monnaie numérique, mais ce sont les entreprises du secteur privé (les intermédiaires) qui interagissent avec l'utilisateur final. L'idée est d'émettre une MNBC, en faisant appel au secteur privé pour fournir et maintenir les comptes ou les portefeuilles utilisés pour les avoirs en MNBC. Ce rôle d'intermédiaire peut être rempli par des banques commerciales, mais aussi par des fournisseurs de services de paiement, des opérateurs de téléphonie mobile...

2. COM (2023) 369 Proposition de règlement du Parlement européen et du Conseil établissant l'euro numérique.

Un autre modèle opérationnel est théoriquement possible, celui de « MNBC unilatérale » ou « MNBC directe » (voir Soderberg *et al.*, 2022). Dans ce modèle, la banque centrale assume toutes les fonctions du système de paiement, de l'émission de la MNBC à sa distribution, en passant par la gestion des comptes des utilisateurs finaux. Ainsi, la MNBC représente une créance directe sur la banque centrale. L'inconvénient d'une MNBC directe est qu'elle marginalise l'implication des banques commerciales : certains particuliers préfèreront détenir directement un compte en MNBC auprès de la banque centrale plutôt que de conserver des dépôts auprès des banques commerciales. Par ailleurs, une MNBC directe mènerait à une surveillance financière accrue et un contrôle gouvernemental sur le système de paiement.

Mentionnons pour finir un autre modèle, qualifié selon nous à tort de « MNBC synthétique ». Dans ce cas, la monnaie numérique ne serait pas émise par la banque centrale, mais par des entreprises privées qui détiennent des obligations de la banque centrale. Ce troisième modèle n'est donc pas une MNBC, mais un *stablecoin*, car l'utilisateur final ne détiendrait pas de créance directe sur une banque centrale. Elle n'a ni la neutralité ni la liquidité de la monnaie de banque centrale. Le fonctionnement d'une MNBC synthétique rappelle celui du libra, projet avorté de Facebook (voir chapitre 5).

1.1.2. MNBC : un panorama mondial

Les MNBC occupent aujourd'hui une place importante dans les travaux des banques centrales.

En mai 2024, 134 pays et unions monétaires, représentant 98 % du PIB mondial, étudient la possibilité de créer une MNBC (contre 35 en mai 2020)[3]. 78 projets concernent les MNBC de détail et 41 projets concernent les MNBC de gros.

En mai 2024, trois pays avaient déjà lancé leur MNBC de détail – les Bahamas, le Nigéria et la Jamaïque – et 36 projets pilotes de ce genre, d'envergure nationale ou transfrontalière, étaient en cours, parmi lesquels figure celui de e-yuan chinois (encadré 2). Aux Bahamas, les travaux de la banque centrale ont débuté dès 2016. En octobre 2020, l'archipel des Bahamas a été ainsi le premier pays au monde à déployer sa MNBC, baptisée le sand dollar. En Jamaïque, la banque centrale a lancé en mars 2021 une expérience pilote de MNBC, appelée Jam-Dex, et en juillet 2022, le Jam-Dex était lancé officiellement. Enfin, la banque centrale du Nigéria a démarré ses travaux sur une MNBC, le eNaira, dès 2017 ; le lancement officiel de cette monnaie numérique a eu lieu en octobre 2021.

Dans ces trois pays, l'engouement de la population pour la MNBC n'a pas été au rendez-vous : malgré la mise en place de programmes d'incitation en Jamaïque et aux Bahamas (monnaie distribuée gratuitement,

3. D'après le site d'Atlantic Council (CBDC tracker).

points fidélité…), en 2023, la valeur totale des sand dollars bahaméens ne représentait que 0,2 % du total de la monnaie en circulation, contre 0,1 % pour les Jam-Dex jamaïcains. Quant à la MNBC du Nigéria, l'eNaira, elle représente moins de 1 % du total de la monnaie en circulation en mars 2024, près de trois ans après son lancement[4].

Encadré 2

L'initiative chinoise du yuan numérique

Les travaux de la Banque populaire de Chine concernant le yuan numérique (e-yuan ou e-CNY ou e-renminbi) ont débuté dès 2014. On peut voir dans le déploiement du yuan numérique une réponse à un double défi. D'abord, il illustre la volonté des pouvoirs publics d'offrir une monnaie publique pour concurrencer les monnaies privées Alipay (Alibaba) et WeChatPay (Tencent) et de contrôler la prédominance de ces deux Bigtechs. Ensuite, le e-yuan affiche l'objectif de favoriser l'inclusion financière par la fourniture de services financiers de base au plus grand nombre dont les personnes non bancarisées (11 % de la population chinoise).

Comme l'euro numérique, le yuan numérique est une MNBC de détail, conçue pour être une version numérique de la monnaie traditionnelle chinoise et pour être utilisée parallèlement aux moyens de paiement existant en Chine. Il présente des caractéristiques communes avec le yuan fiduciaire : il a cours légal, il est entièrement centralisé et contrôlé par le gouvernement. Il repose sur une structure à deux niveaux : au premier niveau, la Banque populaire de Chine émet et supervise la monnaie, alors qu'au second niveau, les banques commerciales et autres institutions financières sont chargées de sa distribution.

Des expériences pilotes ont été lancées à partir du début 2020, dans quatre villes chinoises : elles ont marqué le début de la mise en circulation du e-yuan. En 2021, le périmètre géographique participant aux tests s'est élargi par l'inclusion de grandes régions comme Shanghai. En parallèle, les cas d'usage se sont étendus au paiement des salaires des fonctionnaires dans certaines villes, au paiement des transports, des impôts et des taxes... Un jalon important a été franchi en 2022 avec l'utilisation de manière significative du e-yuan lors des jeux olympiques d'hiver de Pékin.

Selon les données de la Banque populaire de Chine, à la fin d'août 2022, 360 millions de transactions avaient été effectuées en e-yuan pour une valeur totale de plus de 100 milliards de yuan (13,7 milliards d'euros) dans une quinzaine de provinces chinoises. Selon l'*Atlantic Council*, on compterait en 2024 260 millions d'utilisateurs de yuan numérique.

Pour l'instant développé uniquement au niveau domestique, le e-yuan pourrait également avoir pour objectif de s'internationaliser afin de concurrencer le duopole du dollar et de l'euro et devenir la devise de référence de l'économie numérique. Par ailleurs, le e-yuan permet à la Banque populaire de Chine d'avoir un degré de contrôle que les espèces ne permettent pas. Le e-yuan numérique,

4. Source : bulletins statistiques des banques centrales.

centralisé, non anonyme et traçable, suscite ainsi des inquiétudes quant à son utilisation en tant qu'outil d'un contrôle social accru par l'État.

1.2. Les enjeux liés à la monnaie numérique de banque centrale

1.2.1. Les principaux enjeux

Les principaux enjeux d'une MNBC sont semblables à ceux de la monnaie fiduciaire : accessibilité, confiance, sécurité, efficacité et souveraineté monétaire.

Le premier enjeu concerne l'accès universel aux moyens de paiement : la numérisation croissante risque de laisser à la traîne certaines parties de la société, eu égard aux obstacles potentiels liés à la culture numérique et à l'accès aux technologies de l'information et de la communication. Or, l'une des missions des autorités monétaires consiste à assurer l'accès universel à l'argent public. Pour que le déploiement des MNBC soit réussi, il faut fournir une information financière appropriée, garantir un haut niveau de fiabilité et de facilité d'utilisation pour les utilisateurs potentiels. C'est un enjeu particulièrement crucial, car le manque d'information sur les MNBC fait partie des principaux freins à l'adoption future d'une MNBC (Biljsma *et al.*, 2024).

La confiance des utilisateurs est un autre enjeu fondamental. Plusieurs enquêtes révèlent un rôle important de la confiance dans la détermination de l'ouverture aux MNBC dans les pays européens. L'émission d'une monnaie numérique de banque centrale devrait permettre de préserver la confiance dans le système financier qui résulte en partie de la possibilité d'échanger ses avoirs contre de la monnaie légale. La monnaie doit être une réserve de valeur sûre que les consommateurs peuvent utiliser lorsqu'ils effectuent des paiements. Selon Michel Aglietta et André Orléan (1998), la confiance s'articule autour de trois formes. La première forme est la confiance méthodique, c'est-à-dire l'assurance que l'usage de la monnaie va permettre la régularité et la continuité des transactions. La deuxième est la confiance hiérarchique liée à l'existence d'un tiers de confiance : une instance supérieure, comme l'État ou la banque centrale, va énoncer les règles d'usage de la monnaie, garantir les moyens de paiement, protéger les créanciers et représenter une voie de recours en cas de non-respect des règles monétaires. La troisième est la confiance éthique, l'affirmation que la société dépend d'un ordre économique et monétaire. Une MNBC doit permettre d'assurer ces trois formes de confiance, contrairement aux crypto-actifs.

Un corollaire de cette confiance est la sécurité : pour pouvoir se déployer, une MNBC doit être sécurisée et fiable, à l'abri des dangers de la fraude, du piratage et du blanchiment d'argent. Mais en même temps, elle doit protéger la vie privée des utilisateurs en assurant la confidentialité de leurs données (Auer et Böhme, 2020). Lors d'une consultation publique réalisée par la BCE en 2020, 43 % des répondants ont estimé que la protection de la vie privée était l'aspect le plus important de l'euro numérique (BCE, 2021). L'anonymat total n'est pas envisageable comme pour les espèces, et il faut réussir à concilier deux objectifs contradictoires : d'un côté, un nécessaire contrôle des données pour lutter contre le blanchiment d'argent, le financement du terrorisme ou la fraude, et de l'autre, un impératif de confidentialité.

Un autre enjeu de taille concerne l'efficacité, la réduction des coûts d'intermédiation et la robustesse potentiellement générées par la « tokenisation[5] » de la monnaie centrale, notamment dans les activités de règlement et de post-marché. Cela permettrait également d'accroître l'efficacité des paiements transfrontaliers.

Les MNBC doivent enfin viser à réaffirmer notre souveraineté monétaire, et écarter les menaces liées aux initiatives privées du type Libra.

Outre ces traits communs avec les espèces, l'euro numérique offrira des fonctionnalités supplémentaires. Il pourra être utilisé pour les paiements à distance (par exemple pour le commerce électronique, ou entre particuliers) ou pour des paiements conditionnels tels que le paiement récurrent.

1.2.2. Les principes communs

Au sein du groupe de travail de la BRI codirigé par Benoît Cœuré, les sept principales banques centrales participantes se sont fixé des règles de base communes qui s'articulent autour de trois principes.

Le premier d'entre eux est le maintien de la stabilité monétaire et financière. Une monnaie numérique de banque centrale doit continuer à soutenir la réalisation des objectifs de politique publique et ne pas interférer ou entraver la capacité d'une banque centrale à remplir son mandat de stabilité monétaire et financière.

Le deuxième principe est le maintien d'une complémentarité entre la MNBC et d'autres formes de monnaie. En particulier, les espèces continueront d'exister aussi longtemps qu'il y aura une demande. Car la croissance de la demande en billets reste forte : d'après les chiffres de la BCE, la valeur des billets en euros en circulation a bondi de 11 % en 2020. L'utilisation d'argent liquide est au plus fort depuis 10 ans.

5. La *tokenisation* désigne l'émission de titres financiers sous forme de jetons numériques (*tokens*) enregistrés sur une chaîne de blocs.

Le troisième principe concerne la promotion de l'innovation et de l'efficience du système. En l'absence d'une innovation et d'une concurrence permanente pour stimuler l'efficacité d'un système de paiement, les utilisateurs peuvent recourir à d'autres instruments ou monnaies moins sûrs. *In fine*, cela pourrait nuire à l'économie et aux consommateurs, et surtout à la stabilité monétaire et financière. Les autorités publiques (banque centrale notamment) et les agents privés (banques commerciales et services de paiement) qui sont les composantes de l'écosystème de paiement ont un rôle à jouer afin de créer un système sûr, efficace et accessible.

1.3. Les risques

1.3.1. Les risques techniques

Les MNBC étant pour la plupart basées sur la chaîne de blocs, on peut s'interroger sur la capacité de cette technologie à dénouer les transactions interbancaires, surtout s'il s'agit de gérer un nombre important de transactions et d'utilisateurs. Par ailleurs, l'adoption à grande échelle de cette technologie se heurte à des problèmes de sécurité, de règlementation, de régulation, de confidentialité, de mode de preuve… Enfin, la technologie de la chaîne de blocs nous interpelle sur les impacts énergétiques et environnementaux. La plupart des risques liés à l'utilisation de la chaîne de blocs, que nous avons décrits au chapitre 2, restent valables pour les MNBC.

1.3.2. Les réticences des banques commerciales face aux MNBC de détail

Des réticences concernant l'émission de MNBC s'élèvent essentiellement à l'encontre des MNBC de détail. Par rapport à une MNBC directe, dont on a vu qu'elle marginaliserait les banques commerciales, l'impact d'une MNBC intermédiée pourrait à première vue sembler nul sur le système bancaire (voir encadré 1). Mais en réalité, une MNBC intermédiée ne permettrait pas d'éliminer les inquiétudes du système bancaire. Même si ce sont les banques commerciales qui gèrent les comptes des particuliers en monnaie numérique (et non la banque centrale), cette monnaie sera toujours sous la responsabilité directe de la banque centrale.

Les banques traditionnelles y voient une menace pour leurs modèles d'affaires et craignent que ce nouveau moyen de paiement ne déstabilise le système financier. D'après les banquiers réticents, la mise en place d'une MNBC de détail, dont ils ne voient pas l'utilité pour leurs clients, constituerait une entrave non seulement à la rentabilité, mais également à la solvabilité et à la liquidité des banques.

En ce qui concerne la rentabilité, les banquiers redoutent en particulier un risque de captation progressive des dépôts par la banque centrale, de « désintermédiation lente ». La MNBC de détail, qui est garantie par le bilan de la banque centrale et qui ne souffrirait d'aucun risque de défaut, pourrait avoir la préférence des épargnants par rapport aux dépôts dans des banques commerciales. En d'autres termes, la MNBC pourrait concurrencer les dépôts bancaires. Cette concurrence à l'encontre des banques va s'ajouter à celle exercée par les néobanques et les prestataires de paiement dans le domaine de la fourniture de services de paiement.

Pour ce qui est de la solvabilité et de la liquidité, il ne faudrait pas qu'une crise de confiance à l'égard des banques entraîne des transferts des comptes bancaires vers la MNBC, qui serait perçue comme une valeur refuge. On assisterait alors à une ruée sur les dépôts bancaires (*bank run*), une « désintermédiation rapide » qui pourrait mettre en péril la stabilité financière. C'est le constat dressé par la BRI (2021) : afin de ne pas fragiliser le système bancaire, les banques centrales prévoient de plafonner dans un premier temps le montant de détention des MNBC de détail. Le montant du plafond est l'objet de vifs débats : alors que les membres de la BCE Fabio Panetta et Ulrich Bindseil évoquent un plafond aux alentours de 3 000 euros (Bindseil et Panetta, 2020)[6], Alexandre Stervinou, directeur des études et de la surveillance des paiements à la Banque de France, pense qu'il serait plus judicieux de commencer avec un plafond plus bas. Cette position est partagée par les recherches récentes de la Bundesbank, qui évoquent un montant optimal compris entre 1 500 et 2 500 euros (Bidder *et al.*, 2024).

Enfin, le projet d'euro numérique prévoit que la monnaie numérique ne sera pas rémunérée – elle ne portera pas intérêt. Certains continuent néanmoins à débattre de cette rémunération : ils considèrent le taux d'intérêt sur les MNBC comme un nouvel instrument de politique monétaire qui améliorerait la transmission de la politique monétaire et assurerait la stabilité des prix. En réalité, comme le montre Christian Pfister (2020), trois options sont envisageables pour les MNBC : une rémunération nulle, une politique discrétionnaire (au cas par cas), ou une règle monétaire. La solution la plus efficace ne sera pas la même selon les objectifs poursuivis et le signe des taux d'intérêt. Une banque centrale qui ne veut pas encourir de coûts politiques et qui souhaite minimiser ses frais de gestion, préfèrera légitimement l'option d'une MNBC non rémunérée.

6. Ce plafond de 3 000 euros est jugé crédible par Meller et Soons (2023) pour contenir un impact sur le risque de liquidité des banques, même dans les scénarii les plus adverses.

À la question de savoir si l'euro numérique va remplacer les espèces, les autorités monétaires répondent que l'euro numérique viendra en complément des espèces « sonnantes et trébuchantes ». Ainsi, la Banque de France assure que « *l'euro numérique viendra accroître la liberté de choix des particuliers, sans obligation d'utilisation. [...] Cette nouvelle forme de monnaie centrale, émise et garantie par l'Eurosystème, complètera les espèces et les autres moyens de paiement, sans les remplacer* ».

2. Une coexistence entre l'euro numérique et les espèces

L'euro numérique coexistera avec les espèces, sans s'y substituer. Il n'a pas vocation à remplacer les espèces auxquelles les populations restent encore très attachées.

Malgré les initiatives visant à mettre en place des MNBC, les espèces demeurent le mode de paiement le plus fréquemment utilisé par les Européens : elles représentent encore 59 % des paiements en zone euro[7] (BCE, 2022). Dans son Bulletin de mars-avril 2023, la Banque de France divulgue que « *trois ans après le début de la crise sanitaire, les espèces résistent face aux autres moyens de paiement en France* ».

2.1. Les arguments qui plaident en faveur des espèces

2.1.1. Les avantages des espèces

Les espèces présentent des caractéristiques uniques, auxquelles les Français restent très attachés. Elles sont un moyen de paiement gratuit, universellement accepté, inclusif et sûr. Les espèces sont le seul mode de paiement totalement gratuit : aucun frais supplémentaire n'est exigé pour les paiements effectués en billets de banque et pièces en euros. Par ailleurs, seules les espèces ont cours légal en France, ce qui signifie qu'elles ne peuvent être refusées lors d'un paiement. Un commerçant qui refuse un paiement en espèces est passible d'une amende de 150 euros et peut être accusé de « *refus de vente* », une pratique interdite par le Code de la consommation[8]. En France, la Banque de France est la garante de l'acceptabilité des espèces ; elle veille à l'accès aux espèces par tous ainsi qu'au respect du cours légal au nom de la liberté de choix de l'instrument de paiement par le consommateur. Cette garantie de la banque centrale est d'autant plus nécessaire que les espèces constituent bien souvent, pour les populations les plus fragiles, le seul moyen de paiement possible. Sans espèces, les individus en situation d'exclusion financière n'auraient pas la possibilité d'acheter des biens essentiels et se trouveraient encore plus

7. D'après une enquête menée en 2021 et 2022 dans 17 pays de la zone euro.
8. Sauf au-delà de 1 000 euros (voir décret du 27 juin 2015).

marginalisés. L'inclusion financière constitue dès lors une raison majeure du maintien de l'accès aux espèces. Enfin, les espèces constituent un moyen de paiement sûr, car s'agissant de monnaie de banque centrale, elles ne comportent aucun risque financier, ni pour le payeur (pouvoir libératoire) ni pour le bénéficiaire. L'Eurosystème poursuit d'ailleurs une politique constante d'innovation pour lutter contre la contrefaçon.

2.1.2. La préservation des données personnelles et l'anonymat des paiements

Les espèces préservent l'anonymat des paiements : contrairement aux moyens de paiement numériques, elles ne permettent pas d'identifier l'identité des parties à une transaction financière, ni de collecter des données personnelles. D'ailleurs, lorsque l'on interroge les Européens sur les trois principaux avantages associés au paiement en espèces par rapport aux paiements par carte, l'anonymat est majoritairement cité, à égalité avec le fait de prendre conscience de ses propres dépenses (graphique 1).

Graphique 1 : **Principales raisons de préférer les espèces**

En pourcentage

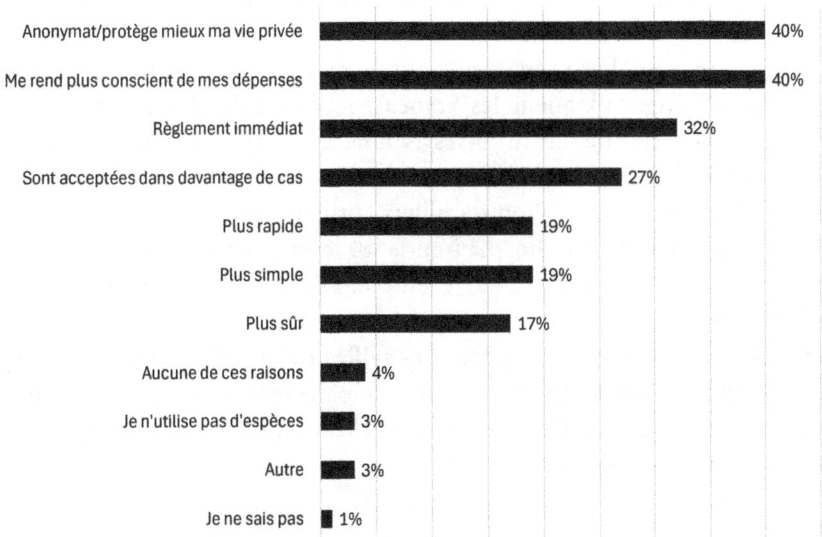

Sources : BCE, Banque centrale néerlandaise, Association néerlandaise des paiements et Banque centrale allemande (2022).

Note : La somme des pourcentages n'est pas égale à 100 %, car les personnes interrogées pouvaient choisir jusqu'à trois réponses chacune. La question de l'enquête était la suivante « Pour vous personnellement, quels sont les trois principaux avantages des paiements en espèces par rapport aux paiements par carte ? Les paiements en espèces... ».

Certes, l'anonymat des espèces accroît le risque de transactions illégales, comme le blanchiment d'argent et le financement du terrorisme. Mais face aux risques liés aux moyens de paiements anonymes (billets de banque et crypto-actifs), le gouvernement a pris un décret le 27 juin 2015 qui abaisse le seuil de paiement en espèces ou au moyen d'un paiement électronique à 1 000 euros au lieu de 3 000 euros, lorsque le débiteur est résident en France, et à 15 000 euros pour les non-résidents fiscaux français. Par ailleurs, le 18 janvier 2024, dans le cadre de la lutte contre le blanchiment d'argent, le Parlement européen et le Conseil de l'UE ont conclu un accord pour harmoniser les paiements en espèces dans tous les pays de l'UE. L'objectif visé est de rapprocher des règlementations existantes très disparates dans les 27 pays membres de l'UE pour repérer et limiter les transactions douteuses. Aux termes de cet accord, les paiements en espèces seront soumis à une limite de 10 000 euros à l'échelle de l'UE afin qu'il soit plus difficile pour les criminels de blanchir de l'argent sale. Les membres disposeront d'une marge de manœuvre leur permettant d'imposer un plafond moins élevé s'ils le souhaitent.

2.1.3. Les espèces, une valeur refuge et une réserve de valeur

Les espèces, qui constituent la monnaie fiduciaire (du latin *fides*, la confiance), inspirent confiance et offrent la liberté dans un monde de plus en plus numérisé. Par rapport aux autres modes de paiement, elles sont une valeur refuge, à laquelle les Français accordent le plus de confiance. Cette confiance est liée entre autres à un taux de fausse monnaie extrêmement faible. Le nombre de billets contrefaits détectés en 2023 n'est que de 16 billets pour un million de billets authentiques en circulation, soit un taux de 0,016 pour mille ! La fraude sur les monnaies électroniques est beaucoup plus importante. Par exemple, concernant le paiement sans contact, des chercheurs en cryptographie mettent en garde contre ce système de paiement qui comporte des failles de sécurité : d'une part, la technologie NFC qui équipe une carte de paiement sans contact est piratable et, d'autre part, l'absence d'authentification présente un danger réel en cas de perte ou de vol.

En outre, les espèces permettent de détenir de la monnaie à des fins d'épargne, notamment pour un motif de précaution. Dans les périodes de crise, la peur de l'avenir ou de faillites bancaires renforce le rôle des espèces comme réserve de valeur. Dès 1963, Friedman et Schwartz soulignaient déjà le rôle général de l'incertitude dans la demande de liquidités : « *Plus l'avenir est incertain, plus la flexibilité [qu'offre l'argent liquide] est valorisée et donc plus la demande de monnaie est susceptible d'être importante* »[9]. Selon Jobst et Stix (2017), ce canal de l'incertitude, combiné à des taux d'intérêt très bas, pourrait expliquer l'augmentation de la demande de liquidités dans certains pays développés depuis la crise de 2009.

2.1.4. L'attachement des Français aux espèces

Depuis 2021, l'IFOP réalise, pour le compte de la Monnaie de Paris, un baromètre annuel auprès des Français afin d'analyser leurs habitudes de paiement et d'évaluer leur attachement aux espèces. D'après l'enquête effectuée en 2023, l'attachement des Français à l'argent liquide reste fort et a même tendance à augmenter. En 2023, 83 % d'entre eux se déclarent attachés aux espèces contre 79 % en 2022. Le paiement en espèces reste profondément ancré dans les habitudes des Français, y compris depuis la crise de la Covid 19. Les espèces constituent le deuxième moyen de paiement le plus utilisé au quotidien, après la carte bancaire et avant les virements. Les résultats de cette enquête confirment par ailleurs que les espèces représentent des avantages fonctionnels et symboliques avérés (voir *supra*). Au-delà des aspects pratiques, les espèces incarnent de forts symboles : la transmission de la valeur de l'argent aux enfants, mais aussi la représentation d'un pays et de sa culture, l'héritage d'un patrimoine et de valeurs communes. Une autre enquête intitulée « L'accès aux espèces dans les communes de 1 000 à 10 000 habitants » menée en mars 2020 auprès des maires atteste que « *le cash occupe une place à part dans le cœur des Français. L'accès aux espèces est bien plus qu'un simple service, c'est une condition du vivre ensemble. Il favorise l'activité des commerçants et des marchés locaux dans les villages* ».

2.2. *La résistance des espèces « sonnantes et trébuchantes » en France*

2.2.1. Circulation des espèces en hausse… mais recul de la part des espèces dans les transactions

Les espèces font de la résistance. Le montant des espèces en circulation dans la zone euro et en France a connu une forte croissance depuis 2002 : la valeur des billets et pièces en euro en circulation est passée de 4,5 % du PIB nominal en 2002 à 11,1 % en 2023 en zone euro – et de 4 % à 10,5 % en France – malgré un repli en 2023. Cela montre que, depuis vingt ans, les espèces sont loin d'avoir disparu.

9. « *The more uncertain the future, the greater the value of [the] flexibility [of cash] and hence the greater the demand for money is likely to be* » (Friedman et Schwarz, 1963).

En revanche, l'utilisation des espèces pour les transactions poursuit son érosion en France, même si le recul est moins marqué que dans le reste de la zone euro (graphique 2).

Graphique 2 : **Évolution de la part des espèces dans les moyens de paiement entre 2019 et 2022**

En points de pourcentage

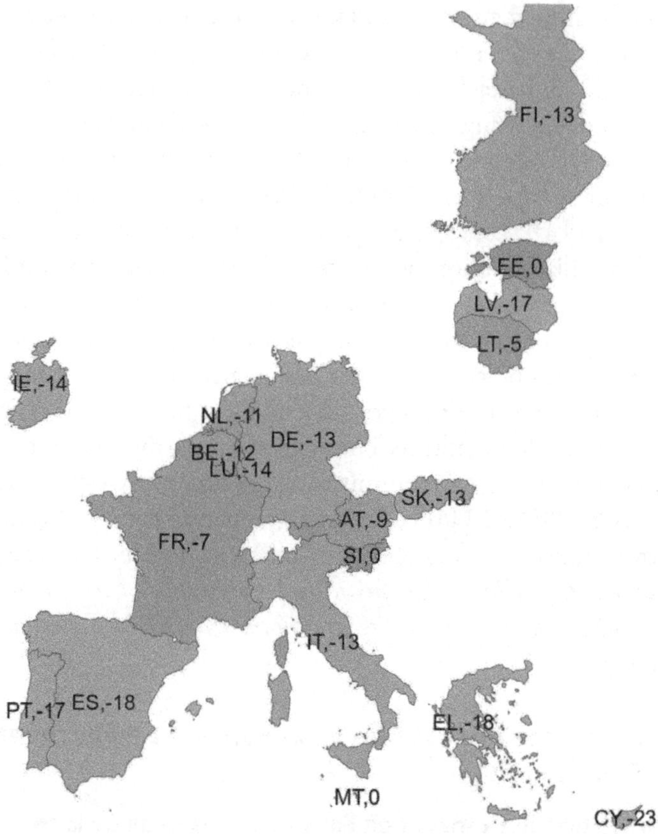

Source : enquête de la BCE sur les comportements de paiement des ménages en zone euro (SPACE II).

On observe un paradoxe similaire en zone euro : la demande de billets en euros n'a cessé d'augmenter au cours des dernières années, tandis que l'utilisation des billets pour les transactions de détail a diminué. En 2022, les espèces représentent 59 % des transactions en volume aux points de vente et 73 % des transactions de personne à personne en zone euro (BCE, 2022). Ces deux proportions ont diminué de 13 points chacune en seulement trois ans. En revanche, la valeur des pièces et billets en euro en circulation a progressé, passant de 10,6 % du PIB nominal en 2019 à 11,9 % en 2022.

2.2.2. Le « paradoxe des billets »

Ainsi, malgré le recul des espèces dans les transactions effectuées par les Français, le montant des billets en circulation ne cesse de progresser ces dernières années. Comment expliquer ce « paradoxe des billets » ? Ce concept a été inventé par Andrew Bailey, directeur exécutif des services bancaires et caissier en chef à la Banque d'Angleterre (Bailey, 2009). La BCE a repris ce vocable afin d'expliquer pourquoi la tendance structurelle à la hausse de la demande de billets en euros ne s'est pas démentie avec la crise de la Covid, alors qu'on a observé un renforcement de la tendance baissière de l'utilisation des espèces (Zamora-Pérez, 2021).

L'explication est la suivante : à la désaffection des espèces comme instrument de paiement s'oppose l'attrait des espèces pour d'autres motifs comme celui de la thésaurisation[10] – le fameux « bas de laine ». Ainsi, la part des émissions nettes de billets par la Banque de France qui sont thésaurisées par les agents économiques s'élèverait à environ 25 % en 2019… contre seulement 15 % pour les transactions domestiques (Seitz *et al.*, 2023)[11]. Cet attrait pour la thésaurisation, qui explique le « paradoxe des billets », est confirmé par Devigne *et al.* (2023) : la hausse des émissions nettes de billets résulterait d'un accroissement important de la thésaurisation domestique par peur d'une crise bancaire, et de la demande étrangère. La progression de ces motifs de détention, mais non de transaction, entraîne une vitesse de circulation plus faible.

Pour conclure sur ce point, rappelons qu'au titre de sa mission monétaire, la Banque de France garantit la liberté de choix du moyen de paiement et veille à l'accessibilité aux espèces. L'accessibilité constitue l'un des cinq piliers de la Politique nationale de gestion des espèces. Cette dernière est basée sur les deux règles suivantes : ne pas chercher à favoriser un moyen de paiement par rapport à un autre ni à influer sur les comportements et préférences du public ; s'assurer que la monnaie fiduciaire demeure un moyen de paiement sûr et facilement accessible pour tous ceux qui souhaitent l'utiliser, notamment les populations fragiles.

*

* *

Nous avons vu qu'afin de réagir à la menace que représente la montée en puissance des monnaies numériques privées, les banques centrales redoublaient d'efforts pour créer une monnaie numérique dans sa version la plus centralisée et la plus souveraine possible. En émettant leur propre

10. La thésaurisation est ici entendue comme l'accumulation et la détention d'argent liquide par les agents économiques (à leur domicile ou dans des coffres-forts).

11. Environ 60 % des émissions nettes cumulées sont détenues hors de France.

monnaie numérique, les États pourraient ainsi contrer l'émergence d'un puissant émetteur privé susceptible de mettre en péril l'écosystème financier.

Par ailleurs, nous avons également montré l'importance et la valeur symbolique que conservent les espèces. L'Eurosystème a pour mission de veiller à ce que les espèces restent largement accessibles en zone euro, et de garantir au citoyen une liberté de choix dans ses moyens de paiement. L'argent liquide présentant des avantages particuliers du point de vue du consommateur et de l'épargnant, l'euro numérique devrait plutôt cocirculer avec l'argent liquide que dans les transactions. C'est en tout cas le modèle que nous appelons de nos vœux.

Conclusion

Les crypto-actifs ne doivent pas être la monnaie de demain

En janvier 2019, la mission d'information de la commission des finances de l'Assemblée nationale, présidée par Éric Woerth et ayant comme rapporteur Pierre Person, a publié son rapport d'information sur les monnaies virtuelles[1]. Ce qui frappe, c'est le divorce manifeste entre la vision de Pierre Person et celle d'Éric Woerth : le premier développe 27 propositions, avec pour objectif de lever les obstacles au développement des crypto-actifs. Éric Woerth, en revanche, rejette d'emblée la dimension monétaire des crypto-actifs et exprime de larges réserves sur certaines propositions du rapporteur.

Pour toutes les raisons que nous avons développées, nous partageons la position d'Éric Woerth et considérons que la France ne doit pas devenir une « crypto-nation » et que la « cryptoïsation » de notre économie fragiliserait irrémédiablement le contrat social et compromettrait la souveraineté de l'État.

L'addiction aux crypto-actifs : le mal du siècle ?

L'envolée du cours du bitcoin génère une hystérie spéculative, un processus d'endoctrinement collectif. Personne n'a envie de rater l'opportunité de gagner de l'argent rapidement (*Fear Of Missing Out*). C'est le mirage de l'argent facile. Des études montrent que les comportements d'investissement peuvent, avec le temps, ressembler à ceux des joueurs. Ainsi, Arthur *et al.* (2016) affirment qu'il existe un continuum entre le jeu et la spéculation et que les personnes attirées par le jeu sont également statistiquement plus susceptibles de s'engager dans des spéculations à haut risque, l'achat et la vente d'actifs risqués. Par ailleurs, il a été démontré que les personnes plus impulsives et à la recherche de stimuli et celles qui jouent régulièrement ont un engouement particulier pour les échanges de

1. Assemblée Nationale, Rapport d'information n°1624, 30 janvier 2019.

crypto-actifs (Delfabbro *et al.*, 2021). Certains chercheurs considèrent même que le « *trading* pathologique » est, à l'instar du « jeu pathologique », un problème de santé publique qui mérite l'attention de la communauté scientifique en tant que véritable addiction (Guglielmo *et al.*, 2016). Certaines études évoquent le terme de « crypto-dépendance » (par exemple Griffiths, 2018).

En Écosse, l'addiction aux crypto-actifs fait l'objet de soins comme la dépendance aux jeux. Selon les experts en psychothérapie, les patients qui n'arrivent pas à décrocher des transactions d'actifs virtuels présentent les mêmes comportements que ceux souffrant d'une addiction aux jeux d'argent, ce que certains décrivent comme « une épidémie des temps modernes ». En 2017, la clinique écossaise de Castle Craig a ouvert un programme de désintoxication pour les personnes qui passent leur journée à vendre et acheter des crypto-actifs. De même, dans la très luxueuse clinique zurichoise Paracelsus Recovery a été ouverte en 2021 une nouvelle section, destinée à soigner la dépendance aux crypto-actifs.

Les crypto-actifs, une utopie anarchiste

La question de la forme monétaire peut sembler anecdotique : après tout, plusieurs formes monétaires se sont succédé dans l'histoire, depuis les monnaies marchandises, jusqu'aux monnaies électroniques. Mais ce qui est en jeu est d'une tout autre ampleur, c'est un changement de paradigme inédit à l'échelle de l'Histoire. C'est la souveraineté monétaire qui est en péril, avec le risque ultime de voir disparaître la monnaie publique au profit de monnaies privées et mondiales… basées sur un code informatique.

De la concurrence entre monnaies publiques et monnaies privées pourrait émerger un système monétaire anarchique assorti de plusieurs problèmes. En premier lieu, il serait impossible de disposer d'un prêteur en dernier ressort et d'une garantie des dépôts. Par ailleurs, un régime de concurrence des monnaies rendrait toute politique monétaire impossible. Enfin, si une monnaie privée venait à acquérir une large communauté d'utilisation parce qu'elle est liée à une grande multinationale privée, le pouvoir politique de cette dernière serait tellement important qu'elle pourrait faire pression sur les États pour modifier la réglementation à son avantage.

Quant au projet utopique de vouloir échapper au contrôle de l'État et de se passer des autorités bancaires, c'est ignorer que la liberté a besoin de règles, sans quoi nous sombrons dans l'anarchie. Depuis la nuit des temps, dans nos sociétés, l'économie se soumet à des règles établies sous l'autorité d'institutions centrales ou locales.

Pour nous, la monnaie est l'une des composantes du contrat social. Philosophiquement, nous considérons que nous avons un besoin vital de faire société – une « insociable sociabilité » au sens kantien –, et que la monnaie est précisément un instrument qui incarne ce pacte entre les citoyens et l'État.

Pour une monnaie numérique de banque centrale

Avec le développement des crypto-actifs et l'avènement d'une société sans argent liquide (*cashless society*), les banquiers centraux craignent que les citoyens n'aient plus accès à une monnaie publique, qui est l'actif le plus sûr et qui repose sur la confiance dans l'institut d'émission. Les autorités publiques voient dans l'avenir de la monnaie non seulement un enjeu de confiance mais également un pari sur l'innovation. Rappelons que les innovations ont marqué l'histoire des monnaies.

Les banques centrales doivent innover pour poursuivre leur mission et rester des acteurs de référence dans un monde financier en rapide évolution. La monnaie de banque centrale doit être adaptée au XXIe siècle afin de garder son rôle fondamental qui ne consiste pas à être le moyen de paiement dominant, mais le point d'ancrage du système financier. D'où le besoin d'une monnaie numérique de banque centrale pour les transactions de gros comme de détail. Dès 2020, la Banque de France s'est engagée dans un programme d'expérimentations de monnaie numérique de banque centrale pour éprouver si et comment cette monnaie pourrait contribuer à améliorer la performance, la rapidité, la transparence et la sécurité des transactions.

Comme nous l'avons expliqué dans le chapitre 6, la monnaie numérique de banque centrale (MNBC) devrait prendre deux formes : la monnaie centrale de « gros », utilisée exclusivement pour dénouer les transactions financières entre la banque centrale et les banques commerciales ou d'autres institutions financières, et la monnaie centrale dite de « détail » qui s'adresse au public. Pour distribuer cette monnaie de détail, la plupart des banques centrales excluent le modèle direct et préfèrent le modèle intermédié, dans lequel elles s'appuient sur des intermédiaires pour assurer la mise à disposition des MNBC auprès des utilisateurs finaux. En effet, une MNBC directe marginaliserait l'implication des banques commerciales, dans la mesure où certains particuliers préféreraient détenir directement un compte auprès de la banque centrale, plutôt que de conserver leurs dépôts auprès des banques commerciales.

Chaque jour, des individus dans le monde effectuent des milliards de transactions financières en s'appuyant sur le système monétaire et financier. Au cœur de ce système se trouvent les banques centrales qui apportent le socle de confiance que recherchent ces individus. Pour reprendre la belle métaphore de Carstens *et al.* (2022), le système monétaire est comparable à un arbre ; la banque centrale en constituerait le tronc, tandis que les branches seraient les banques et autres prestataires privés. Nous pensons qu'il ne faut pas déraciner cet arbre, car ce serait une étape irrémédiable vers la fin du contrat social.

Bibliographie

ACPR (2022), « Les acteurs numériques de la finance : un pas vers la rentabilité ? », *Analyses et synthèses*, 142.

Aghion P., Antonin C., Bunel S. (2020), *Le pouvoir de la destruction créatrice*, Odile Jacob.

Aglietta M., Orléan A. (1998), *La monnaie souveraine*, Odile Jacob.

Aglietta M., Orléan A. (2002), *La monnaie entre violence et confiance*, Odile Jacob.

Aglietta M., Valla N. (2021), *Le futur de la monnaie*, Odile Jacob.

Agrawal A., Catalini C., Goldfarb A. (2014), « Some simple economics of crowdfunding », *Innovation Policy and the Economy*, 14(1).

Alexandre H. (2017), *Plateformes et évolution du système bancaire*, Thèse de doctorat, Université Paris-Dauphine.

Alnasaa M., Gueorguiev N., Honda J., Imamoglu E., Mauro P., Primus K., Rozhkov D. (2022), « Crypto, Corruption, and Capital Controls: Cross-Country Correlations », *IMF Working Paper* (WP/22/60), 110492.

Alvarez F.E., Argente D., Patten D.V. (2022), « Are cryptocurrencies currencies? Bitcoin as legal tender in El Salvador », *NBER working paper*, 29968.

AMF (2023), « Finance décentralisée (defi), protocoles d'échange et gouvernance : vue d'ensemble, tendances observées et points de discussion réglementaires », *Papier de discussion AMF*.

Aramonte S., Huang W., Schrimpf A. (2021), « DeFi Risks and the decentralisation Illusion », *BIS Quarterly Review*.

Arthur J. N., Williams R. J., Delfabbro P. (2016), « The conceptual and empirical relationship between gambling, investing, and financial market speculation », *Journal of Behavioural Addictions*, 5(4).

Auer R., Cornelli G., Doerr S., Frost J., Gambacorta L. (2022), « Crypto trading and Bitcoin prices: Evidence from a new database of retail adoption », *BIS Working Papers*, 1049.

Auer R., Tercero-Lucas D. (2022), « Distrust or speculation? The socioeconomic drivers of U.S. cryptocurrency investments », *Journal of Financial Stability*, 62.

Auer R., Böhme R. (2020), « The Technology of Retail Central Bank Digital Currency », *BIS Quarterly Review*.

Bailey A. (2009), « Banknotes in Circulation: Still Rising: What Does This Mean for the Future of Cash? », *Speech, Bank of England*.

Bain & Company (2023), *Les comportements clients dans la banque de détail en France en 2022*.

Banque de France (2020), « La stabilité financière », *L'Éco en bref*.

Banque de France (2023), « Trois ans après le début de la crise sanitaire, les espèces résistent face aux autres moyens de paiement en France », *Bulletin de la Banque de France*, 245/5.

Barbry É. (2017), « Smart contracts… Aspects juridiques ! », *Annales des mines – Réalités industrielles*, 3.

Barthélémy J., Gardin P., Nguyen B. (2023), « Stablecoins and the Financing of the Real Economy », *Banque de France Working Paper*, 908.

Baur D. G., Dimpfl T. (2021), « The volatility of Bitcoin and its role as a medium of exchange and a store of value », *Empirical Economics*, 61 (5).

BCE (2008), *Bulletin mensuel 10e anniversaire de la BCE.*

BCE (2019), « Crypto-Assets: Implications for Financial Stability, Monetary Policy, and Payments and Market Infrastructures », *ECB Occasional Paper*, 223.

BCE (2018), *Guide relatif à l'évaluation des demandes d'agrément en qualité d'établissement de crédit Fintech.*

BCE (2020), *ESCB/European banking supervision response to the European Commission's public consultation on a new digital finance strategy for Europe/FinTech action plan.*

BCE (2021), *Rapport de l'Eurosystème relatif à la consultation publique sur un euro numérique.*

BCE (2022), *Study on the payment attitudes of consumers in the euro area.*

Bech M., Garratt R. (2017), « Central bank cryptocurrencies », *BIS Quarterly Review.*

Benhamou A., Strauss-Kahn M.-O. (2024), *On parie que vous allez aimer l'économie !*, Ellipses.

Benigno, P. (2019), « Monetary policy in a world of cryptocurrencies », *CEPR Discussion Paper*, 13517.

Bergault P., Bertucci L., Bouba D., Guéant O. (2024), « Automated market makers: mean-variance analysis of LPs payoffs and design of pricing functions », *Digit Finance*, 6.

Bidder R., Jackson T. P., Rottner M. (2024), « CBDC and banks: Disintermediating fast and slow », *Deutsche Bundesbank Discussion Paper*, 15/2024.

Bijlsma M., van der Cruijsen C., Jonker N., Reijerink J. (2024), « What Triggers Consumer Adoption of Central Bank Digital Currency? », *Journal of Financial Services Research*, 65.

Bindseil U., Panetta F. (2020), « Central bank digital currency remuneration in a world with low or negative nominal interest rates », *VoxEU, Centre for Economic Policy Research.*

Blanc J. (2002), « Invariants et variantes de la souveraineté monétaire : réflexions sur un cadre conceptuel compréhensif », *Économies et Sociétés-série Monnaie*, 4.

Bodin J. (1576), *Les Six Livres de la République.*

Bommasani R., Klyman K., Longpre S., Kapoor S., Maslej N., Xiong B., Liang P. (2023), « The foundation model transparency index », A*rXiv.*

Bouri E., Molnár P., Azzi G., Roubaud D., Hagfors L. I. (2017), « On the hedge and safe haven properties of Bitcoin: Is it really more than a diversifier? », *Finance Research Letters*, 20.

Bouyala R. (2016), *La révolution FinTech*, RB édition.

BRI (2019), « Big tech in finance: Opportunities and risks », *Rapport annuel 2019*, chapitre 3.

BRI *et al.* (2020), « Central Bank Digital Currencies: Foundational Principles and Core Features ».

BRI (2021), « Central bank digital currencies: Financial stability implications », *Report n° 4.*

Bresnahan T. F., Trajtenberg M. (1995), « General purpose technologies 'Engines of growth'? », *Journal of Econometrics*, 65(1).

Briola A., Vidal-Tomás D., Wang Y., Aste T. (2023), « Anatomy of a Stablecoin's failure: The Terra-Luna case », *Finance Research Letters*, 51.

Brunnermeier M. K., James H., Landau J. P. (2019), « The digitalization of money », *NBER working paper*, 26300.

Buterin V. (2014), « DAOs, DACs, DAs and More: An Incomplete Terminology Guide », *Ethereum Foundation Blog.*

Carstens A., Frost J., Shin H. S. (2022), « Un socle de confiance », *Finances et développement*, FMI.

Cattalano G. (2019), « Smart contracts et droit des contrats », *AJ contrat*, 7.

Claeys G., Demertzis M., Efastathiou K. (2018), « Cryptocurrencies and Monetary Policy », *Policy Contribution*, 10, Bruegel.

Colin N., Landier A., Mohnen P., Perrot A. (2015), « Économie numérique », *Notes du Conseil d'analyse économique*, 26.

Conseil de stabilité financière (2017), « Financial Stability Implications from FinTech : Supervisory and regulatory issues that merit authorities' attention ».

Conseil de stabilité financière (2019), « BigTech in finance: Market developments and financial stability implications », *FSB Report.*

Consultative Group of Directors of Financial Stability (2023), « Financial stability risks from cryptoassets in emerging market economies », *BIS Papers*, 138.

Cornelli G., Frost J., Gambacorta L., Rau P. R., Wardrop R., Ziegler T. (2023), « Fintech and big tech credit: Drivers of the growth of digital lending », *Journal of Banking & Finance*, 148.

CSPLA (Conseil supérieur de la propriété littéraire et artistique) (2022), *Rapport de la mission sur les jetons non fongibles (« NFT» en anglais).*

De Boissieu C. (2023), « Les monnaies numériques des banques centrales : où en est-on ? Où va-t-on ? », *Policy Center for the New South.*

De la Mano M., Padilla J. (2018), « Big tech banking », *Journal of Competition Law & Economics*, 14(4).

De Vauplane H. (2015), « Les nouveaux acteurs de la finance », *Revue d'économie financière*, 118.

De Vries A. (2019). « Renewable energy will not solve Bitcoin's sustainability problem », *Joule*, 3 (4).

De Vries A., Gallersdörfer U., Klaaßen L., Stoll C. (2022), « Revisiting Bitcoin's carbon footprint », *Joule*, 6(3).

Delfabbro P., King D. L., Carey P. (2021), « Harm severity in internet gaming disorder and problem gambling: A comparative study », *Computers in Human Behavior*, 124, 106898.

Devigne L., De Pastor R., Lalouette L. (2023), « Les émissions de billets augmentent et leur vitesse de circulation se replie », Banque de France, *Blog notes éco.*

DG Trésor (2019), « Plateformes numériques et concurrence », *Trésor éco*, n° 250.

Di Iorio A., Kosse A., Mattei I. (2024), « Embracing diversity, advancing together-results of the 2023 BIS survey on central bank digital currencies and crypto », *BIS Papers*, 147.

Dumas J.-G., Lafourcade P., Roudeix E., Tichit A., Varrette S. (2022), *Les NFT en 40 questions*, Armand Colin, hors collection.

Dumas J.-G., Lafourcade P., Roudeix E., Tichit A., Varrette S. (2022), *Les blockchains en 50 questions*, Dunod.

ESMA (2020), « Big tech – Implications for the financial sector », dans *ESMA Report on Trends, Risks and Vulnerabilities.*

ESMA (2024), Crypto assets: Market structures and EU relevance, *ESMA TRV Risk Analysis.*

Espesson-Vergeat B. (2021), « L'intelligence artificielle et la blockchain au service de la sécurisation logistique des produits dans le secteur pharmaceutique », *Droit, Santé et Société*, 8(2).

Fénéron Plisson C. (2017), « La blockchain, un bouleversement économique, juridique voire sociétal », *I2D–Information# données & documents*, 54(3).

Fernández-Villaverde J., Sanches D. (2018), « On the Economics of Digital Currencies », *Working Papers*, WP 18-07, Research Department, Federal Reserve Bank of Philadelphia.

Flipo F., Dobré M., Michot M. (2013), *La face cachée du numérique. L'impact environnemental des nouvelles technologies*, L'Échappée.

Friedman M., Schwartz A. J. (1963), *A Monetary History of the United States, 1867–1960, Princeton University Press for NBER.*

Frost J., Gambacorta L., Huang Y., Shin H. S., Zbinden P. (2019), « BigTech and the changing structure of financial intermediation », *Economic Policy*, 34(100).

Fujiki H. (2020), « Who adopts crypto assets in Japan? Evidence from the 2019 financial literacy survey », *Journal of the Japanese and International Economies*, 58.

Galienni S., Truphème S. (2023), « Chapitre 11. Les applications décentralisées (dApps) », dans Galienni S., Truphème S. (dir.), *La vague Web3: Maîtriser les nouveaux codes du marketing 3.0,* Dunod.

Griffiths M. D. (2018), « Hot topics in gambling: Gambling blocking apps, loot boxes, and 'cryptotrading addiction' », *Online Gambling Lawyer*, 17(7).

Guerlin G. (2017), « Considérations sur les smart contracts », *Dalloz IP/IT: droit de la propriété intellectuelle et du numérique*, 10.

Guglielmo R., Ioime L., Janiri L. (2016), « Is Pathological Trading an Overlooked Form of Addiction? », *Addiction and Health*, 2016, 8(3).

Hassan S., De Filippi P. (2021), « Decentralized Autonomous Organization », *Internet Policy Review*, 10(2).

He M. D. *et al.* (2017), « Fintech and financial services: Initial considerations », *International Monetary Fund, Staff Discussion Notes.*

Hsieh Y. Y., Vergne J. P., Anderson P., Lakhani K., Reitzig, M. (2018), « Bitcoin and the rise of decentralized autonomous organizations », *Journal of Organization Design*, 7(1).

IMF-FSB (2023), *IMF-FSB Synthesis Paper: Policies for Crypto-Assets.*

Jevons W. S. (1875), *Money and the Mechanism of Exchange*, Appleton.

Jobst C., Stix H. (2017), « DP12327 Doomed to Disappear? The Surprising Return of Cash Across Time and Across Countries », *CEPR Discussion Paper*, 12327.

Jovanovic B., Rousseau P. L. (2005), « General purpose technologies » dans Aghion P. et Durlauf S. (ed.), *Handbook of Economic Growth*, 1, Elsevier.

Kane E. (2017), « Is Blockchain a General Purpose Technology? », *SSRN Journal.*

Katz M. L., Shapiro C. (1985), « Network externalities, competition, and compatibility », *The American Economic Review*, 75(3).

Kiyotaki N., Wright R. (1989), « On Money as a Medium of Exchange », *Journal of Political Economy*, 97(4).

Kosse A., Glowka M., Mattei I., Rice T. (2023), « Will the real stablecoin please stand up? », *BIS Papers*, 141.

KPMG (2024), *Pulse of Fintech H2'23.*

Lamport L., Shostak R., Pease M. (1982), The byzantine generals problem, *ACM Transactions on Programming Languages and Systems*, 4(3).

Landau J.-P., Genais A. (2018), *Les cryptomonnaies*, rapport au Ministre de l'Économie et des Finances.

Marku E., Castriotta M., Loi M., Di Guardo M. C. (2021), « General Purpose Technology: The Blockchain Domain », *International Journal of Business and Management*, Canadian Center of Science and Education, 15(11).

Meller B., Soons O. (2023), « Know your (holding) limits: CBDC, financial stability and central bank reliance », *ECB Occasional Paper Series*, 326.

Mohan V. (2022), « Automated market makers and decentralized exchanges: A DeFi primer », *Financial Innovation*, 8 (20).

Monnet E. (2021), *La Banque-providence. Démocratiser les banques centrales et la monnaie*, Seuil, La République des idées.

Pfister C. (2020), « Retail CBDC Remuneration: The Sign Matters », *SUERF Policy Note*, 205.

Pilkington M. (2022), « De Libra 1.0 à Libra 2.0 (Diem) : entre échec programmé et pertinence renouvelée pour l'économie politique », *Revue d'économie politique*, 132.

Rochet J. C., Tirole J. (2003), « Platform competition in two-sided markets », *Journal of the European Economic Association*, 1(4).

Roubini N. (2018), « Why blockchain and bitcoin will never keep the promises they make », *The Australian Financial Review*, 4, 0130.

Seitz F., Devigne L., De Pastor R. (2022), « Different Motives for Holding Cash in France: An Analysis of the Net Cash Issues of the Banque de France », *Working Paper Series*, 888.

Soderberg G., Bechara M., Bossu W., Che N.X., Kiff J., Lukonga I., Yoshinaga A. (2022), « Behind the scenes of central bank digital currency: Emerging trends, insights, and policy lessons », *FinTech Notes*, International Monetary Fund, 004

Stulz R.M. (2022), « FinTech, BigTech, and the Future of Banks », *Journal of Applied Corporate Finance*, 34.

Tomić N., Todorović V., Čakajac B. (2020), « Potential effects of cryptocurrencies on monetary policy », *The European Journal of Applied Economics*, 17(1).

Vernay M. (2023), *Le trilemme du stablecoin*, hal-04168575v2

von Hayek F. A. (1976), *Denationalisation of Money: An Analysis of the Theory and Practice of Concurrent Currencies*, Londres, Institute of Economic Affairs.

Xu J., Paruch K., Cousaert S., Feng Y. (2023), « Sok: Decentralized exchanges (DEX) with automated market maker (AMM) protocols », *ACM Computing Surveys*, 55(11).

Yermack D. (2015), « Is bitcoin a real currency? », dans D. Lee (ed.), *The Handbook of Digital Currency*, Elsevier.

Zamora-Pérez A. (2021), « The paradox of banknotes: Understanding the demand for cash beyond transactional use », *Economic Bulletin Articles*, European Central Bank, 2.

Table des matières

Cet ouvrage a été achevé d'imprimer en janvier 2025
dans les ateliers de Normandie Roto Impression s.a.s.
61250 Lonrai
N° d'impression : 2406173
Dépôt légal : janvier 2025

Imprimé en France

Mise en page du texte et couverture : Michel Bouffet – Éd. ECONOMICA